CONGRÈS INTERNATIONAL

DE

MUSIQUE

1re SESSION

EXPOSITION UNIVERSELLE DE 1900

COMPTE RENDU

RAPPORTS. — COMMUNICATIONS

PARIS
SECRÉTARIAT GÉNÉRAL DU CONGRÈS

1901

CONGRÈS INTERNATIONAL DE MUSIQUE

1re SESSION

1900

CONGRÈS INTERNATIONAL

DE

MUSIQUE

1re SESSION

EXPOSITION UNIVERSELLE DE 1900

COMPTE-RENDU

RAPPORTS. — COMMUNICATIONS

PARIS
SECRÉTARIAT GÉNÉRAL DU CONGRÈS

1901

LISTE

DES

MEMBRES DU CONGRÈS INTERNATIONAL DE MUSIQUE (1)

M. Charles ABERCROMBIE, professeur de chant, ex-ténor-solo de la H. M. Chapel-Royal-Saint-James-Palace, de Londres. 59, fifth Ave. New-York. ÉTATS-UNIS-D'AMÉRIQUE.

M. Alfred ACOULON, facteur d'instruments de musique. 11, rue de l'Université. Paris.

M. Émile ALIX, directeur-fondateur du *Phare musical*. 10, rue Pré-du-Marché. Lausanne. SUISSE.

M. Alphonse ANCEAUX, compositeur de musique, chef d'orchestre et professeur, à Rouvroy-sur-Audry, par Aubigny-les-Pothées (Ardennes).

M. Antonio Carlos Ribeiro de ANDRADO Machado e Silva, professeur de musique. 60, rua Major Sertosio. Sao-Paulo. BRÉSIL.

M. Joseph AUDAN, maître de chapelle, professeur de chant. 73, boulevard Péreire. Paris.

M. ARSANDAUX. 82, rue d'Amsterdam. Paris.

M. Gustave BAIVY DE SEXHY, directeur de la fanfare de Jemeppe. Jemeppe-sur-Meuse. BELGIQUE.

M. Claude-Émile BARAT, facteur de flûtes cylindriques en bois et en métal. 6, rue Mandar. Paris.

M. le Lt-Cel Ernest BAUDOT. 88, avenue Kléber. Paris.

M. BAUDOUIN LA LONDRE. 11, rue Gounod. Paris.

M. Émile BERNARD, compositeur de musique. 16, rue Fontaine. Paris.

M. Gustave BERNARDEL, luthier du Conservatoire national de musique. 4, passage Saulnier. Paris.

M. Léon BERNARDEL, luthier. 40 *bis*, faubourg Poissonnière. Paris.

Mme Eugénie BLANKESTEIN, 1er prix du Conservatoire de musique de Toulouse et de Paris, directrice de cours de musique. Institut normal, place Beaulieu. Cognac (Charente).

M. Alphonse BLONDEL, facteur de pianos. 53, rue de l'Échiquier. Paris.

Mme Alphonse BLONDEL. 53, rue de l'Échiquier. Paris.

M. Jules BONNET, professeur de musique, secrétaire de l'Association Galiniste. 8, rue Caplat. Paris.

M. Alfred BONNOT, président de l'Harmonie de Sainte-Savine. Villa Pothier, à Troyes (Aube).

M. Oscar BORNEMANN, éditeur de musique. 15, rue de Tournon. Paris.

M. Enrico BOSSI, direttore del Liceo musicale Benedetto Marcello. Venise. ITALIE.

M. Alfred BOUTIN, professeur de violon. 29, rue Beaurepaire. Paris.

Mme Clara BRINKERHOFF, prima donna soprano, voice production and singing teacher. 268, West 43d street. New-York. ÉTATS-UNIS-D'AMÉRIQUE.

M. Gustave BUATOIS, directeur de l'Espérance de Javel, Harmonie municipale du XVe Arrondissement. 149 *bis*, rue Saint-Charles. Paris.

M. Émile CAILLET, directeur de la Société musicale de Laragne (Hautes-Alpes).

M. Gustavo CAMPA, compositeur de musique, professeur au Conservatoire national de musique de Mexico. MEXIQUE.

M. CANAT DE CHIZY, ingénieur. 29, rue Bleue. Paris.

M. Albert CARESSA, directeur de la Maison Gustave Bernardel, luthier. 4, passage Saulnier. Paris.

M. Jules CARPENTIER, ingénieur. 34, rue du Luxembourg. Paris.

Chambre française de commerce et d'industrie de Bruxelles. Délégué : M. Alexandre Béon, compositeur de musique, directeur de la Maison Erard. 5, impasse du Parc. Bruxelles. BELGIQUE.

Chambre syndicale des instruments de musique. 5, rue de la Banque. Paris.

M. le comte Raoul CHANDON DE BRIAILLES, compositeur de musique. 12, rue François Ier. Paris.

M. Maurice CHASSANG, délégué de l'Internationale Musikgesellschaft. 11, rue Gounod. Paris.

M. Jean DE CHAUVENET, professeur de musique. Collège de Musique, University of Denver. 14th S. Arapahoe. Denver. Col. ÉTATS-UNIS-D'AMÉRIQUE.

M. l'abbé CHÉRION, maître de chapelle de l'église de la Madeleine, à Paris.

M. Léon CHIC, compositeur de musique, ex-chef de musique des Équipages de la Flotte. 31, rue Voltaire. Brest (Finistère).

M. B.-M. COLOMER, compositeur de musique, professeur des cours supérieurs de piano dans les Maisons d'éducation de la Légion d'honneur. 6, rue de Copenhague. Paris.

M. Edouard COLONNE, chef d'orchestre. 43, rue de Berlin. Paris.

(1) Cette liste comprend les Membres adhérents du Congrès jusqu'à la date du 31 décembre 1900. La liste des Membres du Congrès ayant adhéré depuis cette date sera publiée ultérieurement.

M. Jules COMBARIEU, docteur ès-lettres, lauréat de l'Institut de France. 22, rue de Tocqueville. Paris.
R. Conservatorio di Musica di Milano. 12, via Conservatorio. Milan. ITALIE.
M. François P. CORTÈS, professeur de piano, chef d'orchestre. 39, rue de Miromesnil. Paris.
M. Jules COTTIN, mandoliniste, compositeur de musique. 65, rue Demours. Paris.
M. Eugène CROSTI, professeur de chant au Conservatoire national de Musique. 17, villa du Redan. Paris.
M. Paul DECOURCELLE, éditeur de musique. 29, avenue de la Gare. Nice (Alpes-Maritimes).
M. Emile DELATTRE, professeur de musique. La Bassée (Nord).
Mlle Anna DEMONT, professeur de piano. 3, rue Nicolas-Flamel. Paris.
M. L. DE SMET, facteur de pianos. 99, rue Royale. Bruxelles. BELGIQUE.
M. Louis DIÉMER, professeur de piano au Conservatoire national de Musique. 49, rue Blanche. Paris.
M. DIVOIR, compositeur de musique. 16, rue Spontini. Paris.
M. Théodore DUBOIS. Membre de l'Institut de France. directeur du Conservatoire national de Musique. 15, faubourg Poissonnière. Paris.
Mlle DUPRÉ. 39, rue Jacob. Paris.
M. Auguste DURAND, éditeur de musique, président de la Chambre syndicale du Commerce de musique. 4, place de la Madeleine. Paris.
M. Théophile DUREAU, ancien chef de musique d'artillerie, membre de la Commission d'examen des Chefs de musique de l'Armée. 37, rue Poccard. Levallois-Perret (Seine).
M. Eugène D'EICHTHAL, publiciste. 144, boulevard Malesherbes. Paris.
M. Emile ERGO, professeur de piano, harmonie, contrepoint et fugue. 52, rue Cuylits. Anvers. BELGIQUE.
M. Paul EVETTE, éditeur et facteur d'instruments de musique. 18, passage du Grand-Cerf. Paris.
M. Edm. FILIPUCCI, compositeur de musique. 32, rue Baudin. Paris.
Mme Louise FILLIAUX-TIGER, compositeur de musique. 3, place Bréda. Paris.
M. FONTAINE-BESSON. facteur d'instruments de musique. 96, rue d'Angoulême. Paris.
M. Alphonse FRÉMONT. ingénieur. 135, rue Saint-Dominique. Paris.
M. Gustave FRIDRICH, violoniste. 11, rue de Condé. Paris.
Mlle Clémence FULCRAN, professeur de musique. 272, faubourg Saint-Honoré. Paris.
M. Luis GARABELLI, ministre-résident de l'Uruguay en Allemagne. Hôtel Adelphi. 4, rue Taibout. Paris.
Mme Amélie-André GÉDALGE, compositeur de musique. 130, faubourg Saint-Denis. Paris.
M. Auguste GÉRARDIN, ex-chef de musique du 136e Rég[t] d'infanterie, directeur de l'École municipale de Musique. Tarbes (Hautes-Pyrénées).
M. GEVAERT, Membre associé de l'Institut de France, directeur du Conservatoire royal de Musique de Bruxelles. BELGIQUE.
M. Eugène GIGOUT, compositeur de musique, organiste de l'église Saint-Augustin. 113, avenue de Villiers. Paris.
M. Frédéric GRANT GLEASON, compositeur de musique. 74, Auditorium Building. Chicago. ÉTATS-UNIS-D'AMÉRIQUE.
M. Filoteo GRECO, compositeur de musique et professeur de chant. 51 West 35th Street. New-York. ÉTATS-UNIS-D'AMÉRIQUE.
M. Wilhelm GRIMM, directeur de l'École de Musique, à Schaffouse. SUISSE.
M. Emile-Ernest GRUYER, professeur de musique. 31, avenue Casimir. Asnières (Seine).
M. Frédéric-Marie-Joseph GUIVIER, maître de chapelle de la Cathédrale d'Angers. 10, rue Voltaire. Angers (Maine-et-Loire).
Mme Nathalie HAENISCH, Kammersaengerin et professeur de chant. 4, Strehlnerstrasse. II. Dresde. ALLEMAGNE.
M. Frédéric HELLOUIN, musicographe. 115, rue du Cherche-Midi. Paris.
M. C. Frederick HENDRIKS, compositeur de musique et organiste. 1e Helmerstrant. 195. Amsterdam. PAYS-BAS.
M. Louis HEYMÈS. 15, rue Cacheux. Billancourt (Seine).
M. E. HOLLENDER, marchand de musique. 18, rue Directa. Sao Paulo. BRÉSIL.
M. Georges HOUDARD, musicographe. 14. place du Château. Saint-Germain-en-Laye (Seine-et-Oise).
M. Eugène-Alexis HYARD, compositeur de musique, professeur d'harmonie, directeur de la Philharmonie du XIe Arrondissement, à Paris, président de la Fanfare de Fontenay-sous-Bois. 10, avenue de la Belle-Gabrielle. Fontenay-sous-Bois (Seine).
M. Vincent D'INDY, compositeur de musique, président de la Société nationale de Musique. 7, avenue de Villars. Paris.
M. Léon JEHIN, chef d'orchestre du Casino de Monte-Carlo. MONACO.
M. M.-C. JOUBERT, éditeur de musique. 25, rue d'Hauteville. Paris.
M. Oscar JUTTNER, chef d'orchestre du Kursaal, villa Magnolias. Montreux. SUISSE.
M. Georges KASATSCHENKO, chef des chœurs de l'Opéra impérial russe, professeur de théorie musicale et de chant à l'Institut des Orphelins de l'Empereur Nicolas. 2/66 Ousatcheff Pereoulok. Saint-Pétersbourg. RUSSIE.

M. Lucien LAMBERT, compositeur de musique. 201, boulevard Malesherbes. Paris.

M. Ernest LAMY. 113, boulevard Haussmann. Paris.

M. Gabriel LEFEUVE, avocat, critique musical du journal l'*Indépendance Belge*. 3, rue de la Bienfaisance. Paris.

M. Charles LENEPVEU, Membre de l'Institut de France, compositeur de musique, professeur de composition au Conservatoire national de Musique. 22, rue de Verneuil. Paris.

M. Frédéric LENTZ, compositeur de musique, organiste et maître de chapelle de l'Ecole Albert-le-Grand. 219, boulevard Raspail. Paris.

M. Xavier LEROUX, compositeur de musique, professeur d'harmonie au Conservatoire national de Musique. 15, faubourg Poissonnière. Paris.

M. Henri LETOCART, compositeur de musique, organiste à l'église de Saint-Vincent-de-Paul. 155, boulevard Magenta. Paris.

M. Elias Alvarez LOBO, professeur de musique aux Grupos Escolares Maria Jose du Gouvernement de Saint-Paul. Rue Baron Fatuhy, 3. Saint-Paul. BRÉSIL.

M. Emile LOUIS, professeur de danse, membre de la Société des Auteurs et Compositeurs de musique. 20, rue Mazarine. Paris.

M. Alexandre LUIGINI, compositeur de musique, 1er chef d'orchestre au Théâtre national de l'Opéra-Comique. 7, rue Duperré. Paris.

M. Gustave LYON, directeur de la Maison Pleyel-Wolff-Lyon et Cie, président de la Chambre syndicale des Instruments de musique. 22, rue Rochechouart. Paris.

M. Auguste d'Oliveira MACHADO, directeur du Conservatoire royal de Musique de Lisbonne. 10, rua dos Ferreiros a Santa Catharina, Lisbonne. PORTUGAL.

M. Victor MAHILLON, conservateur du Musée du Conservatoire royal de Musique de Bruxelles. 5, avenue de Watermael. Boisfort. BELGIQUE.

M. Auguste MANGEOT, directeur du *Monde Musical*. 3, rue du 29-Juillet. Paris.

M. Henri MARÉCHAL, compositeur de musique. 11 *bis*, rue Viète. Paris.

M. André MESSAGER, compositeur de musique. 174, boulevard Malesherbes. Paris.

M. METZNER-LEBLANC, éditeur de musique, place du Ralliement. Angers (Maine-et-Loire).

M. Paul MILLIET, auteur dramatique. 79, rue de la Tour. Paris.

M. René MOISSENET, directeur de la Maîtrise de la Cathédrale. 7, rue Saint-Philibert. Dijon (Côte-d'Or).

Mme Marie MOREAU-MARMIGNAT, professeur de musique aux Ecoles de la ville de Paris. 17, avenue de La Motte-Piquet. Paris.

M. Charles MUTIN, facteur de grands orgues. 15, avenue du Maine. Paris.

Mlle Marthe NOEL, 1er prix de violoncelle du Conservatoire national de Musique, virtuose et professeur. 104 *bis*, boulevard Voltaire. Paris.

Mme PAINPARÉ, pianiste. 2, rue Edelinck. Anvers. BELGIQUE.

Mlle Céleste PAINPARÉ, pianiste. 2, rue Edelinck. Anvers. BELGIQUE.

M. Gabriel PARÈS, compositeur de musique, chef de musique de la Garde républicaine. Caserne des Célestins, boulevard Henri IV. Paris.

M. Lorenzo PARODI, compositeur de musique. 1, piazza Serriglio. Gênes. ITALIE.

M. PASSERAT. 83, rue du Temple. Paris.

M. J.-G. PÉNAVAIRE, compositeur de musique. 21, rue Notre-Dame de Lorette. Paris.

M. Emile PESSARD, compositeur de musique, professeur d'harmonie au Conservatoire national de Musique. 26, rue Richer. Paris.

M. PEYRE, professeur de violon à Epinal (Vosges).

M. Georges PFEIFFER, compositeur de musique et critique musical. 80, rue Taitbout. Paris.

M. PIAZZANO Cav. Uff. Geremia, maître de chapelle de l'église Métropolitaine, membre de la « R. Accademia di S. Cecilia » de Rome. Vercelli. ITALIE.

M. Gabriel PIERNÉ, compositeur de musique. 8, rue de Tournon. Paris.

M. le Baron PILAR VON PILCHAU, Commissariat général de la Russie à l'Exposition Universelle. 2, rue Pierre-Charron. Paris.

M. Léon PINET, facteur d'anches libres métalliques pour harmoniums. 66, cours de Vincennes. Paris.

M. Adolphe PLEY, luthier et accordeur de pianos. 86, rue de la Putterie. Bruxelles. BELGIQUE.

M. Emile POILLEUX, compositeur de musique, directeur de l'Enseignement du violon de l'Ecole Galin-Paris-Chevé. 35, rue de Bellefond. Paris.

M. le Dr POYET, laryngologiste, médecin-adjoint du Conservatoire national de Musique. 19, rue de Milan. Paris.

M. Paul QUEREUIL, facteur de pianos. 70, faubourg Saint-Honoré. Paris.

M. Henri RADIGUER, rédacteur du journal-programme *Le Petit-Poucet*. 17, rue Véron. Paris.

M. RAINOT-MARCHAND, président-fondateur du Cercle musical « Le Club des Vingt ». 18, rue Jean-sans-Peur. Lille (Nord).

M. Amédée RANSAN, professeur de musique, directeur de Société chorale. 29, rue d'Alleray. Paris.

M. Jules Raux, compositeur de musique. 185, rue Saint-Antoine. Paris.

M. Henri Rénier, compositeur de musique et critique musical. Villa Joyeuse. Maisons-Laffitte (Seine-et-Oise).

M. Alfred Richart, compositeur de musique. 26, rue de Liévin. Lens (Pas-de-Calais).

M. Laurent de Rillé, compositeur de musique, président d'honneur de la Société des Auteurs, Compositeurs et Editeurs de musique. 1, rue Fontaine. Paris.

M. F.-R. Robert, compositeur de musique, chef d'orchestre, professeur diplômé de la Ville de Paris. 140, boulevard Magenta. Paris.

M. Rodolphe Fils, facteur d'orgues. 15, rue Chaligny. Paris.

M. Léon Roques, compositeur de musique et maître de chapelle. 39, rue de Chaillot. Paris.

Wiener Musik-Verlagshaus vormals F. Roerich. 17, Johannesgasse. Wien. Autriche-Hongrie.

M. Camille Saint-Saens, membre de l'Institut de France. 4, place de la Madeleine. Paris.

M. William Salabert, compositeur de musique et éditeur de musique. 106 *bis*, boulevard Péreire. Paris.

M. Gregorio Anton del Sar, professeur de musique. Rue Oguendo, 9-3°. San-Sebastian (Guipuzcoa). Espagne

M. Jules Schmidt, chef de musique du 76e Régt d'infanterie. 66, avenue de la République. Paris.

M. H. Schoenaers-Millereau, facteur d'instruments de musique et éditeur de musique. 66, rue d'Angoulême. Paris.

M. Emile Schvartz, professeur au Conservatoire national de Musique. 104, rue Lauriston. Paris.

M. Edmond Sèches, directeur de la Société des Orgues d'Alexandre Père et Fils. 81, rue La Fayette. Paris.

M. Paul Ségcy, de l'Opéra, artiste lyrique, professeur de chant, chef d'orchestre. 9, rue de la Néva. Paris.

M. Armand Serbourse, directeur du Choral Chevé de Montreuil-sous-Bois. 14, rue Elzévir. Paris.

M. Emile Simonnot, compositeur de musique. 20, rue Saint-Brice. Chartres (Eure-et-Loir).

M. Victor Souchon, agent général de la Société des Auteurs, Compositeurs et Editeurs de musique. 10, rue Chaptal. Paris.

M. Pétrus Soulignac, directeur-fondateur de la « Tolosa », Société artistique de chant. 7, rue Pharaon. Toulouse (Haute-Garonne).

MM. Jérôme Thibouville-Lamy & Cie, facteurs d'instruments de musique. 68, rue Réaumur. Paris.

M. S. Ursini-Scuderi, professeur de musique. Corso Vittorio-Emmanuele, 163. Catane Italie.

M. A. Vaillant. 5, boulevard Bonne-Nouvelle. Paris.

M. René Vielleville, directeur de la Maison Alphonse Leduc, éditeur de musique, secrétaire de la Chambre syndicale du Commerce de musique. 3, rue de Grammont. Paris.

M. Alfred Vieillot, chef d'orchestre au Grand-Théâtre, professeur au Conservatoire. 9, place Crillon. Avignon (Vaucluse).

M. Albert Visetti, compositeur de musique, professeur de chant au Royal College of Music. 14, Trebovir Road, Earls Court. London. Grande-Bretagne.

M. Armand Vivet, compositeur de musique, maître de chapelle de l'église Saint-Augustin. 67, rue du Rocher. Paris.

M. Charles Wagner, président de la Société l'Union Musicale Alsace-Lorraine. 22, rue de Chanzy. Paris.

M. Emile Wambach, compositeur de musique, maître de chapelle de la Cathédrale, professeur au Conservatoire royal de Musique. 34, place de Meir. Anvers. Belgique.

M. Frank Wanderstucken. Dean College of Music. Cincinnati (O). États-Unis-d'Amérique.

Mme Margrete de Wildenradt-Krabbe, rédacteur en chef du journal *Dannewirke*. Hadersleben. (Schleswig-Holstein). Allemagne.

M. Henry Yung, compositeur de musique, professeur de musique. 3 *bis*, quai Carnot. Bar-le-Duc (Meuse).

CONGRÈS INTERNATIONAL DE MUSIQUE

1re SESSION

14 au 18 Juin 1900

RÈGLEMENT

Art. 1er. Conformément à l'arrêté ministériel en date du 27 novembre 1899, il est institué à l'Exposition universelle de 1900 un Congrès international de musique.

Art. 2. Les séances du Congrès auront lieu les 14, 15, 16 et 18 juin, de 8 heures à midi, dans la salle du Palais des Congrès.

Art. 3. Seront Membres du Congrès les personnes qui auront adressé leur adhésion au Trésorier de la Commission d'organisation avant l'ouverture du Congrès et qui auront acquitté la cotisation, dont le montant est fixé à 10 francs.

Art. 4. Les dames sont admises au Congrès dans les mêmes conditions que les hommes.

Art. 5. Les Délégués officiels des Gouvernements étrangers et des Administrations publiques françaises et étrangères sont de droit Membres du Congrès.

Art. 6. Les Membres du Congrès recevront une carte qui leur sera délivrée par les soins de la Commission d'organisation.

Ces cartes, qui ne donnent aucun droit à l'entrée gratuite (1) à l'Exposition, sont strictement personnelles. Toute carte prêtée sera immédiatement retirée.

Art. 7. La Commission d'organisation fera procéder, lors de la première séance, à la nomination du Bureau du Congrès, qui aura la direction des travaux de la session.

Art. 8. Le Bureau du Congrès fixe l'ordre du jour de chaque séance.

Art. 9. Le Congrès comprend des séances générales et des séances de sections.

Art. 10. Les Membres du Congrès ont seuls le droit d'assister aux séances, de présenter des travaux et de prendre part aux discussions.

Art. 11. Les travaux présentés au Congrès sur des questions mises à l'ordre du jour, dans le programme de la session, seront discutés en séance générale.

Les travaux présentés sur des questions non mises à l'ordre du jour dans ce programme seront discutés en séances de section, à condition que, avant le 15 mai 1900, les auteurs aient soumis leur mémoire, manuscrit ou imprimé, ou au moins un résumé ou les conclusions à la Commission d'organisation.

Art. 12. Les orateurs ne pourront occuper la tribune pendant plus de quinze minutes, ni parler plus de deux fois dans la même séance sur le même sujet, à moins que l'assemblée consultée n'en décide autrement.

Art. 13. Les Membres du Congrès qui auront pris la parole dans une séance devront remettre au Secrétaire, dans les vingt-quatre heures, un résumé de leurs communications pour la rédaction des procès-verbaux. La Commission d'organisation pourra demander aux auteurs de réduire leurs résumés. Dans le cas où ce résumé n'aurait pas été remis ou réduit en temps utile, le texte rédigé par le Secrétaire en tiendra lieu, ou le titre seul sera mentionné.

Art. 14. Les procès-verbaux seront imprimés et distribués aux Membres du Congrès le plus tôt possible après la session.

Art. 15. Un compte rendu des travaux du Congrès sera publié par les soins de la Commission d'organisation. Celle-ci se réserve de fixer l'étendue des mémoires ou communications livrés à l'impression.

Art. 16. Le Bureau du Congrès statue en dernier ressort sur tout incident non prévu au règlement.

(1) Par dérogation à l'Article 6, les cartes de Membres du Congrès permettront aux titulaires d'entrer gratuitement à l'Exposition, du 14 au 18 juin inclus. *(Circulaire du 26 avril 1900.)*

PROGRAMME

I. Généralisation de l'emploi du diapason normal. Etude des moyens de le rendre obligatoire.
II. Transformation des instruments dits *simples* en instruments chromatiques. Définition des instruments chromatiques.
III. Y a-t-il utilité à employer la note réelle dans l'écriture musicale ?
IV. Emploi d'un signe distinctif, accompagnant les clefs de *fa* ou de *sol* dans les partitions vocales et instrumentales, pour les parties s'entendant à l'octave.
V. Unification des termes employés par les compositeurs dans l'édition musicale.
VI. Régularisation des indications et appareils métronomiques.
VII. Utilité d'un appareil enregistreur des mouvements des œuvres musicales.
VIII. Unification de l'orchestration des harmonies et fanfares.
IX. Utilité de désigner les sons de l'échelle chromatique par des numéros.
X. Y a-t-il utilité à reconstituer les maîtrises ? Dans le cas de l'affirmative, quels sont les moyens pratiques pour parvenir à cette reconstitution ?
XI. De l'utilité des écoles de chefs d'orchestre et de la généralisation de l'étude de l'instrumentation.
XII. De l'utilité du développement des Sociétés orphéoniques (chorales, symphonies, harmonies, fanfares) et des moyens d'améliorer leur répertoire.
XIII. Étant donné l'influence que la critique peut exercer sur le développement de l'art musical, n'y a-t-il pas lieu d'émettre un vœu relatif à la manière dont elle s'exerce ?
XIV. De l'évolution du drame lyrique.
XV. L'Etat doit-il jouer, dans les théâtres subventionnés, un rôle de protecteur à l'égard des œuvres des Maîtres tombées dans le domaine public ?
XVI. Avantages et inconvénients du tempérament au point de vue de la pratique musicale.
XVII. Simplification de la notation musicale.

COMMISSION D'ORGANISATION

M. Théodore Dubois, Membre de l'Institut de France, *Président.*

MM. Charles Lenepveu, Membre de l'Institut de France; Laurent de Rillé, Auguste Durand, le lieutenant-colonel Ernest Baudot, Jules Carpentier, *Vice-Présidents.*

M. Baudouin La Londre, *Secrétaire général.*

MM. Théophile Dureau, Eugène Crosti, Xavier Leroux, Gabriel Parès, Canat de Chizy, *Secrétaires.*

M. Eugène d'Eichthal, *Trésorier.*

MM. Alfred Acoulon, Jules Combarieu, Paul Evette, Vincent d'Indy, Gustave Lyon, Henri Maréchal, Paul Milliet, Emile Pessard, Dr Poyet.

DÉLÉGUÉS OFFICIELS

République de l'Equateur.

M. Lucien Lambert.

Etats-Unis d'Amérique.

M. Franz Wanderstucken.

Mexique.

M. Gustavo E. Campa.

Russie.

M. le baron Pilar von Pilchau.

COMPTE-RENDU DES SÉANCES

SÉANCE D'OUVERTURE

JEUDI 14 JUIN 1900

La séance est ouverte à 8 heures du matin, sous la présidence de M. Théodore Dubois.

L'ordre du jour appelle l'élection du bureau du Congrès.

Sont élus à l'unanimité :

Présidents d'honneur : MM. Gevaert et Théodore Dubois.

Présidents : MM. Vincent d'Indy et Victor Mahillon.

Vice-Présidents : MM. Théophile Dureau, le Lieutenant-Colonel Baudot et Émile Ergo.

Secrétaire général : M. Baudouin La Londre.

Secrétaires : MM. A. del Sar, Wilhelm Grimm, Raoul Chandon de Briailles, Frédéric Hellouin, Canat de Chizy, Paul Milliet.

Trésorier : M. Eugène d'Eichthal.

Après une allocution très applaudie de M. le Président, le Congrès passe à la discussion des questions du programme dans l'ordre suivant :

Unification de l'orchestration des harmonies et fanfares.

M. Vincent d'Indy lit le rapport qu'il a rédigé sur cette question, au nom de la Sous-Commission composée de MM. le Colonel Baudot, Théophile Dureau, Vincent d'Indy, Gabriel Parès :

La Sous-Commission a émis tout d'abord, à l'unanimité, l'avis qu'il y avait lieu de rechercher les moyens d'unifier le système d'orchestration des musiques d'harmonie et des fanfares.

A cela, la Sous-Commission voit un triple avantage :

1. — En ce qui regarde l'œuvre :

Se plaçant à un point de vue purement artistique et dans l'espoir que les compositeurs de valeur, soucieux de ne plus laisser ce soin exclusif à des musiciens médiocres, voudront bien écrire pour l'orchestre d'harmonie des œuvres originales, la Sous-Commission estime que le projet qu'elle propose au Congrès aurait pour résultat, s'il était adopté, d'assurer le respect de l'œuvre musicale qui n'aurait plus ainsi à subir des transformations souvent très préjudiciables occasionnées par des combinaisons instrumentales différentes selon les pays où elle est exécutée.

2. — En ce qui concerne le compositeur :

Celui-ci, outre la fidélité dans l'exécution de son œuvre dont il est question dans le précédent paragraphe, trouverait encore un grand avantage d'une certitude dans l'écriture des morceaux pour harmonies et fanfares correspondante à celle qui existe actuellement pour l'orchestre symphonique.

3. — En ce qui concerne l'éditeur :

Le projet de la Sous-Commission créerait une source naturelle de diffusion pour les œuvres, conséquemment une source de profits pour les éditeurs, en même temps qu'une garantie contre les essais de contrefaçon.

Les avantages du projet paraissant considérables et les inconvénients absolument nuls, la Sous-Commission s'est occupée d'étudier les moyens à prendre pour le mener à bien.

Pour ce faire, il y avait à se préoccuper d'abord de la constitution instrumentale la plus répandue de l'orchestre d'harmonie, en second lieu, du nombre relatif d'instruments de chaque genre et de chaque famille à employer dans un orchestre moyen, enfin, et ce n'était pas le point le moins important, d'établir un ordre logique dans la tablature de la partition, permettant au chef de se reconnaître facilement dans tous les ouvrages, même dans ceux dont les dénominations sont libellées dans une autre langue que la sienne propre.

Nous avons donc commencé par examiner attentivement, au point de vue de la composition de l'orchestre, un certain nombre d'œuvres de provenance étrangère. C'est ainsi que, grâce à l'obligeance de M. Parès, qui avait pris la peine d'apporter tous ces documents, nous avons pu prendre connaissance de cinq partitions italiennes, trois espagnoles et d'autres venant de Belgique, d'Allemagne, de Russie, d'Angleterre, des Etats-Unis et même du Mexique.

En terminant ce travail et en comparant ces partitions entre elles comme aussi avec des œuvres françaises, nous avons constaté avec satisfaction que les différences ne sont rien moins que capitales et que, à part quelques points, absence de saxophones en Russie, en Allemagne et parfois en Belgique, manque de basses profondes dans quelques musiques, remplacement des cornets par des trompettes dans les orchestres allemands et adjonction dans la famille des cuivres à sons couverts (Saxhorns) d'une *basse solo en ut* destinée à jouer au grave le même rôle que la clarinette solo dans la famille des anches et le piston solo dans le groupe des cuivres aigus, nous avons constaté, dis-je, que la constitution fondamentale des orchestres était sensiblement la même partout et qu'en conséquence l'unification que nous cherchions n'était point si difficile à établir qu'on aurait pu le croire tout d'abord.

S'inspirant des études précédemment faites et s'appuyant sur l'expérience et l'autorité incontestables de MM. Dureau et Parès en matière d'orchestration et de combinaisons de timbres, la Sous-Commission a décidé qu'il y avait lieu de dresser un tableau destiné à servir de base aux discussions du Congrès, dans lequel elle établirait, tant en ce qui touche la nature et le nombre des instruments qu'en ce qui a trait à la disposition de ces instruments dans l'écriture de la partition, la constitution d'un orchestre d'harmonie modèle de soixante à soixante-cinq musiciens et d'une fanfare de quarante à cinquante.

La Sous-Commission a décidé, à cette occasion, qu'il était important de maintenir la famille des saxophones comme partie constitutive de l'orchestre à vent, malgré l'absence de cette famille dans les musiques russes et allemandes.

Elle a décidé ensuite d'admettre la basse-chantante solo en *ut*, déjà adoptée en Italie, en Angleterre, en Allemagne, en Espagne et en Russie, qui donne un équilibre parfait de solistes dans toute l'étendue de l'échelle sonore.

Pour fixer l'ordre de la tablature, la Sous-Commission s'est basée sur la division de l'orchestre d'harmonie en six groupes, en procédant toujours de l'aigu au grave dans chaque groupe :

1. Petit groupe des instruments à souffle et à anches ;
2. Groupe des clarinettes ;
3. Groupe des saxophones et basses à anches ;
4. Petit groupe des instruments à embouchure à sons clairs ;
5. Groupe des saxhorns et basses profondes ;
6. Groupe des instruments de percussion.

HARMONIE

I.
- 1 petite flûte en *ut*.
- 2 grandes flûtes en *ut*.
- 2 hautbois.
- (1 cor anglais) (1).

II.
- 2 petites clarinettes en *mi b* ou *fa*.
- 1 clarinette solo en *si b* ou *ut*.
- 6 premières clarinettes en *si b* ou *ut*.
- 4 secondes clarinettes en *si b* ou *ut*.
- 1 clarinette alto en *fa*.
- 1 clarinette basse en *si b* ou *ut*.

III.
- (1 saxophone soprano en *si b* ou *ut*) (1).
- 2 saxophones altos en *mi b* ou *fa*.
- 2 saxophones ténors en *si b* ou *ut*.
- 2 saxophones barytons en *mi b* ou *fa*.
- 1 saxophone basse en *si b* ou *ut*.
- 2 bassons.
- (1 sarrusophone en *ut*) (1).

IV.
- 2 trompettes en *fa*.
- 2 cornets en *si b* ou *ut* (dont 1 solo).
- 3 cors en *fa*.
- 4 trombones.

V.
- 1 petit bugle en *mi b* ou *fa*.
- 2 bugles en *si b* ou *ut*.
- 2 altos en *mi b* ou *fa*.
- 2 barytons en *si b* ou *ut*.
- 1 basse solo en *ut*.
- 4 basses en *si b* ou *ut*.
- 1 contrebasse en *mi b* ou *fa*.
- 2 contrebasses en *si b* ou *ut*.
- (2 contrebasses à cordes) (1).

VI.
- 1 paire de timbales ou caisse roulante.
- 1 caisse claire.
- 1 grosse caisse.
- 1 paire de cymbales.
- (1, accessoires) (1).

Exécutants	59
En plus	6
TOTAL GÉNÉRAL	65

FANFARE

I.
- (1 saxophone sopranino).
- (1 saxophone soprano).
- (2 saxophones altos).
- (2 saxophones ténors).
- (2 saxophones barytons).
- (1 saxophone basse).

II.
- 2 trompettes.
- 1 cornet solo.
- 1 2e cornet.
- 2 cors ou cors altos.
- 4 trombones.

III.
- 1 petit bugle.
- 1 bugle solo.
- 4 premiers bugles.
- 4 seconds bugles.
- 1 alto solo.
- 2 altos.
- 2 barytons.
- 1 basse solo.
- 5 basses.
- 2 contrebasses en *mi b*.
- 4 contrebasses en *si b*.

IV.
- 1 paire de timbales.
- 2, accessoires.

Exécutants	40
Saxophones	9
TOTAL GÉNÉRAL	49

(1) Facultatif.

Le Congrès décide de faire autographier le tableau proposé par le Rapporteur et de passer à la discussion de la question après la distribution des exemplaires autographiés de ce tableau.

De l'utilité des écoles de chefs d'orchestre et de la généralisation de l'étude de l'instrumentation.

M. Vincent d'Indy lit le rapport qu'il a rédigé sur cette question, au nom de la Sous-Commission composée de MM. le Colonel Baudot, Théophile Dureau, Vincent d'Indy, Gabriel Parès :

Il y a deux espèces de chefs d'orchestre :

1° Le chef d'orchestre que je nommerai *physique* : — Ordinairement un instrumentiste auquel une certaine vigueur de bras, jointe à une plus ou moins longue pratique, a pu donner un certain vernis extérieur, mais auquel les vues artistiques et les connaissances esthétiques font généralement défaut ; celui-là ne sera jamais qu'un batteur de mesure ;

2° Le chef d'orchestre *moral* : — Un musicien ayant fait de hautes études musicales, conscient de ce qu'il demande à ses instrumentistes, sachant assez s'identifier avec l'œuvre qu'il est chargé d'interpréter pour la montrer sous son véritable jour, et puisant dans son éducation autant que dans son tempérament la force directrice et l'ascendant moral sur les artistes qui sont placés sous ses ordres.

L'acquit de pareilles qualités nécessite des études sérieuses de musique, d'esthétique et de direction.

La Sous-Commission a constaté qu'il n'existe point en France d'enseignement de ce genre appliqué à la direction des orchestres, ce qui fait que le batteur de mesure est légion, tandis que le véritable chef ne constitue qu'une exception. Elle a donc été amenée à exprimer le vœu qu'il soit créé dans notre pays des écoles de chefs d'orchestre qui pourraient être annexées aux Conservatoires ou Ecoles de musique et dans lesquelles les élèves seraient appelés à étudier :

1° Les différentes espèces d'instruments au point de vue de leur origine, de leur histoire, de leur facture, de leur doigté et de leur qualité de son, non pas seulement théoriquement, mais encore par des exemples pratiques ;

2° L'orchestration, c'est-à-dire la manière de tirer parti des connaissances instrumentales précédemment acquises et d'employer les instruments en agrégations d'une façon normale et logique, toujours avec adjonction d'exemples pratiques ;

3° La direction. Dans cette dernière branche d'études seraient comprises : la connaissance approfondie de la construction des œuvres musicales et des raisons historiques et esthétiques de cette construction, ainsi que les notions des divers styles de musique et la manière d'interpréter les œuvres ressortissant à ces différents styles d'une façon logique et raisonnée.

Pour arriver à ce but, il serait nécessaire d'adjoindre à toute Ecole de musique une classe d'orchestre où tous les élèves, compositeurs ou non, seraient appelés à diriger à tour de rôle sous la surveillance et d'après les avis d'un professeur compétent.

Ce dispositif existe dans tous les règlements des Conservatoires d'Allemagne.

Il serait établi des diplômes certifiant que l'élève sortant de l'Ecole est apte à la direction d'un orchestre.

Cette sorte d'études, qui n'existe pas dans notre enseignement officiel, aurait pour conséquence et pour résultat nécessaire l'élévation du sentiment artistique dans notre pays.

En effet, de l'avis unanime de la Sous-Commission, la cause du niveau artistique si peu élevé de nos Sociétés françaises provient, la plupart du temps, de l'incapacité des chefs auxquels ces Sociétés sont confiées.

Les écoles de chefs d'orchestre, généralisant l'étude de l'instrumentation et de l'art de diriger, obvieraient à ce très regrettable inconvénient et donneraient vraiment une raison d'être au développement de ces Sociétés qui seraient dès lors appelées à contribuer puissamment à la diffusion de la vraie musique et au culte progressif de l'art dans notre pays.

Après une discussion à laquelle prennent part MM. F.-R. Robert, Raoul Chandon de Briailles, Émile Ergo, qui approuvent les conclusions du Rapporteur et dans laquelle M. le Président apporte ses réserves personnelles, le vœu suivant est adopté :

Le Congrès émet le vœu qu'il soit créé une classe de chefs d'orchestre et de directeurs de Sociétés dans tous les Conservatoires.

Étant donné l'influence que la critique peut exercer sur le développement de l'art musical, n'y a-t-il pas lieu d'émettre un vœu relatif à la manière dont elle s'exerce ?

M. Paul Milliet lit son rapport sur cette question :

La question qui doit être soumise aux membres du Congrès et que vous nous avez chargé d'étudier dans sa forme et dans ses conséquences, est, à proprement parler, une question spéculative. Elle est de réflexion pure ; elle a pour objet (excusez ces termes classiques) la contemplation exclusive des faits de conscience. Il est certain qu'elle prête à un échange d'idées intéressant. Il ne nous appartient pas de dire si elle comporte une solution pratique.

La critique musicale s'exerce-t-elle la plupart du temps dans de mauvaises conditions ? Oui. Y a-t-il un remède à cet état de choses ? Peut-être ; mais, à coup sûr pas avec les seules forces du Congrès de la Musique. Il faudrait joindre à ces forces celles du Congrès de la Presse, et la collaboration bienveillante de toutes les associations des écrits périodiques. C'est ce que nous établissons dans ce rapport.

Et d'abord, il y a longtemps que, sans même songer à la perfectibilité de la critique, de sages et nombreux esprits se sont élevés contre l'ignorance ou contre la partialité de ceux qui distribuent l'éloge et le blâme dans les Arts. Oui, dans la critique même, deux camps se sont formés : d'un côté, des adversaires irréconciliables ; de l'autre, des défenseurs bénévoles.

Permettez-moi de faire une allusion rapide aux réquisitoires de ceux-ci et aux plaidoyers de ceux-là.

Sans remonter, dans l'antiquité, au critique d'Ephèse, au fameux Zoïle, surnommé par ses contemporains Homéromastix (le fouet, ou le fléau d'Homère), et qui eut une fin terrible pour un rhéteur, puisque le roi d'Egypte, mécontent de ses feuilletons mordants, le fit, assure-t-on, crucifier — demandons aux critiques eux-mêmes ce qu'ils pensent de leur métier. Il y a deux siècles, la critique musicale n'existait pas encore, mais La Bruyère, parlant d'une façon générale, disait ceci :

« Il y a peu d'hommes dont l'esprit soit accompagné d'un goût sûr et d'une critique » judicieuse. — La critique souvent n'est pas une science ; c'est un métier où il faut plus » de santé que d'esprit, plus de travail que de capacités, plus d'habitude que de génie. »

En exprimant ces deux pensées, l'auteur des *Caractères* portait un coup rude à la critique de son temps. Coup rude et mérité, mais qui n'enlevait à la critique rien de sa puissance, puisque, presque au même instant, elle s'attaquait à Racine et le chassait du théâtre pendant douze années. Est-il besoin de rappeler ici qu'*Athalie* tomba à plat en 1690 et ne se releva que vingt ans plus tard, longtemps après que Racine fût mort de douleur, abreuvé de calomnies, abandonné par sa dernière protectrice, Mme de Maintenon. Et la critique s'appelait alors Saint-Evremond, Subligny, Quinault, Boyer, et, *hélas !* ou *holà !* le grand Corneille lui-même.

L'éclat dont brille *Athalie* depuis ces violences de plume, est un argument précieux pour ceux qui déclarent qu'il est puéril de s'escrimer contre les œuvres mal nées — ne meurent-elles pas toutes seules de leur belle mort ? — et non moins puéril d'exalter les œuvres immortelles auxquelles les siècles font la part de gloire qu'elles méritent ?

Du XVIIe siècle, passons au XVIIIe et au XIXe.

Le musicographe continue à s'occuper uniquement des rapports de la musique avec les autres arts. Marburg, dans sa Critique musicale, en 1650, indiquait le but que doit se proposer le compositeur, celui d'imiter la nature et de peindre d'après la vie les mouvements de l'âme. Schubert ne fait pas davantage : dans ses appréciations sur les anciens maîtres, il ne vise que « l'essence intime » de la musique. Forkel appuyait sa *Théorie* sur les « figures » de la musique (Gottingen, 1777). Michaelis, dans ses Essais (1800), cherchait à démontrer que la musique est la langue des Passions. Heinse (1805) dans ses Dialogues musicaux, Sulzer, Kinberger, nous en passons et des meilleurs, étudiaient l'expression de la passion dans la Symphonie et dans la Sonate. La polémique, à ces époques lointaines, s'élevait au-dessus des personnes, et même au-dessus des œuvres, et traitait purement de la manifestation des émotions, des sentiments et des images, par les sons.

Pour le reste, les plaintes deviennent plus vives. Jules Janin, ce critique de vocation, si fier de son métier, stigmatise en ces termes l'injustice de ses confrères : « Il n'y a plus un » esprit sensé et bien pensant, plus un homme ayant de lui-même quelque respect qui osât » écrire et signer une seule des pages que Geoffroy écrivait contre Voltaire. »

Les Geoffroy, les Hoffmann, les Dussaulx passent, et Alfred de Musset écrit ces lignes vengeresses citées naguère (cela est assez piquant) dans un feuilleton musical :

« Il ne manque pas de gens aujourd'hui qui vous font la leçon ni plus ni moins que les » maîtres d'école. On dit à la jeunesse : Faites ceci, faites cela. Je crois que rien n'est plus » indifférent au public. Les sermons n'ont pour lui d'autre inconvénient que de l'endormir; » mais il n'en est pas de même des jeunes artistes.

» Rien n'est plus à craindre pour eux que ces larges décoctions d'herbes malfaisantes » qu'une maudite curiosité les pousse toujours à avaler en dépit de leur raison. Qu'arrive- » t-il en effet ? Ou qu'ils sont révoltés, ou qu'ils se laissent faire. S'ils sont révoltés, où » trouveront-ils une tribune pour répondre à ce qu'on leur dit ? Comment expliquer leur » pensée ? Car si peu qu'elle vaille, cette pensée d'un être obscur et libre peut être » aussi utile au monde que l'oracle de ces dieux. Elle peut aller à quelqu'un, bien qu'elle » ne vienne de personne. De quel droit ne peuvent-ils parler ? Et s'ils se laissent faire, que » vont-ils devenir, sinon des gouttes d'eau dans l'Océan ? »

Ecoutons encore les critiques entre eux.

Arsène Houssaye n'admet pas qu'on analyse le génie créateur. Il réclame la liberté d'esprit la plus complète pour celui qui produit. Le génie qui crée ne connaît pas de grammaire. Il porte sa doctrine dans son œuvre. D'ailleurs, s'écrie Arsène Houssaye, la critique d'art, quelle qu'elle soit, n'a pas de sanction :

« Winckelmann me dit de pleurer comme lui devant l'Apollon du Belvédère, et Diderot » me conjure d'en rire d'un beau rire celtique et gaulois. Je n'écoute ni l'un ni l'autre. » Aujourd'hui, on sacrifie la Vénus de Médicis à la Vénus de Milo; dans cent ans, on » reviendra à la Vénus de Médicis, ou l'on adorera quelque nouvelle divinité de marbre » encore ensevelie dans le linceul jaloux de l'antiquité. Le beau est absolu, mais il est » divers. »

Après cette consultation prise dans les œuvres mêmes des critiques, on serait tenté de conclure, sans aller plus loin, n'est-il pas vrai ? que la critique est ou nuisible ou inutile. D'où vient donc que tant d'assauts ne l'ont pas épuisée, qu'elle est toujours bien vivante et qu'elle continue à émettre des jugements sans que le public s'inscrive en faux à son tour ? D'où cela vient ? de ceci, que la foule n'a ni le temps, ni la culture d'esprit qui lui permettraient de se faire une opinion à elle ; et qu'il lui faut s'en rapporter à ceux qui parlent haut et qui tranchent net. La critique lit, voit, écoute, commente pour ceux qui ne savent ou qui ne peuvent lire, voir, écouter ou commenter. Et puis, il est si facile d'adopter un jugement tout établi, comme on endosse un habit tout fait, — surtout lorsque les conditions de l'existence vous refusent les longues heures de l'étude et de l'examen comparatif !

Le jugement tout établi est commode quand il s'agit d'œuvres littéraires accessibles au plus grand nombre ; il l'est bien davantage quand il s'agit d'œuvres musicales dont l'intelligence réclame des aptitudes spéciales.

Cependant, s'il est admis que la critique soit nécessaire au public, pour le guider dans un temple dont il connaît mal les détours compliqués et les rites savants, il n'est pas excessif d'exiger d'elle au moins la connaissance des lieux et des mystères qu'elle a mission d'expliquer aux néophytes.

Nous voici alors arrivés aux capacités que le bon sens réclame de la critique. C'est un programme à élaborer.

Et d'abord, prenons pour base celle, par exemple, qu'on a prise pour le très modeste personnel enseignant dans nos écoles communales. L'humble professeur, la petite maîtresse de classe qui veulent être à même d'enseigner aux enfants les premiers éléments du chant, passent un examen particulier qui porte sur le solfège, cette grammaire des sons, de la mesure et du rythme ; sur l'harmonie, science des accords, et sur l'Histoire de la Musique. De plus, on leur désigne quatre ou cinq ouvrages dont ils font une analyse succincte. Et Bach peut figurer parmi ces ouvrages-là avec toute la fraîcheur, toute la hardiesse et tout l'éclat de ses préludes !

Or, si l'on demande cela à un simple instituteur primaire, pourquoi en demanderait-on moins à celui qui se considère comme le maître d'école des foules ?

Un examen, alors? — Pourquoi pas ? — Oui, un examen et un diplôme. Un brevet grandit à ses propres yeux celui qui loyalement, vaillamment et dignement le conquiert.

Voulez-vous que nous marquions les grandes lignes de l'examen souhaitable ?

Le critique musical disserte sur la musique en général. La symphonie, le drame et la comédie lyriques ne sont pas les seuls objets de sa sollicitude ; il s'attaque aussi à la musique de chambre, aux virtuoses, à la facture instrumentale, au piano, à l'orgue, au violon, à toute la lutherie. Est-ce trop désirer que le critique distingue le son de la guitare de celui de la harpe, et qu'au besoin il parle doctement de la lutherie ancienne ? Oui, des rebecs et des quinte-basses, des « lire » et des « lirone », des violes et des violettes ? et qu'il ait une idée vague, ou même précise, de ce qui se passait il y a cinq siècles à Crémone et à Brescia ? *De omni re scibili?* Evidemment. Le critique, qui n'est pas un spontané, doit être à même de donner des conseils au compositeur ; et, comme l'Art musical est, lui aussi, un moyen social, le critique doit, à cette école du métier, ajouter celle de la dramaturgie, de manière à indiquer la portée et à dégager la philosophie des poèmes choisis par le musicien.

Ne parlons ni de l'esprit ni du style. Ce sont là des qualités primordiales, essentielles. Souple, pénétrant, ingénieux, il faut que le critique saisisse le détail et l'élucide, qu'il goûte et fasse goûter les métiers les plus divers.

— C'est beaucoup, dira-t-on ? — Ce n'est pas trop.

Nous n'allons pas aussi loin que ces deux poètes dont l'un criait : « Le critique ? Il faut » qu'il ait eu la Reine de Saba pour nourrice, Bossuet pour précepteur et Aristote pour » sous-précepteur ! » et dont l'autre clamait : « Quiconque tient une plume, s'engage à » acquérir la science d'Hégel, la finesse d'analyse de Gœthe et la sûreté de goût de Sainte- » Beuve ! »

Cette exigence découragerait trop d'écrivains. Mais la France, aussi bien que ses Voisins, compte parmi ses littérateurs plusieurs rhéteurs illustres qui ont apporté dans la critique « la bienveillance et la sincérité d'une âme ouverte et désireuse avant tout d'admi- » rer ». L'un d'eux même a pris soin de rédiger un Memento du Critique qui vaut d'être reproduit dans notre formulaire de souhaits :

« Versez dans la Critique, Emule et Sœur de la Poésie, vos effusions, votre sympathie » et le plus pur de votre substance. Louez, servez les talents nouveaux ; et ne commencez à » vous retirer d'eux que du jour où eux-mêmes se retirent de la droite voie et manquent à » leurs promesses. Restez alors modéré et réservé avec eux. Cultivez en tous sens votre » intelligence ; ne la cantonnez ni dans un parti, ni dans une école, ni dans une seule idée ; » ouvrez-lui des jours sur tous les horizons, maintenez votre indépendance et votre » dignité ; prêtez-vous pour un temps, s'il le faut, mais ne vous aliénez jamais. Restez judi- » cieux et clairvoyant jusque dans vos faiblesses, et si vous ne dites pas tout le vrai, ne » dites jamais le faux. »

Voilà bien des conseils ; voilà bien des souhaits. Avant d'exprimer les nôtres à notre tour, vous ne nous saurez pas mauvais gré de vous signaler un mouvement d'opinion qui se produit en Allemagne et qui tend à écarter les compositeurs de la critique musicale pour ce motif que la Critique confiée à des artistes créateurs risque d'être entachée de particularisme et de préventions d'écoles. Les compositeurs pourraient riposter que la critique confiée à des esprits techniciens risque de subordonner l'inspiration à la tablature, et nous retomberions alors dans l'incertitude première au sujet de la nécessité de la critique.

Écartons vite cette fâcheuse perplexité, et revenons aux principes qui nous paraissent la sauvegarde de l'institution.

L'Allemagne, puisque nous parlons de ce pays, a institué dans ses universités une Chaire d'Esthétique, où fréquentent ceux qui tiennent la férule dans les grands organes de l'opinion publique. Et cette institution donne déjà des résultats enviables, non que les critiques allemands soient présentement des descendants directs de Herder et de Schilling, mais en ce que leurs efforts convergent vers un même but : la détermination du Beau tel que l'Art le trouve dans la Nature et tel que la Nature le révèle à la pensée de l'Homme. Pourquoi ne travaillerions-nous pas à l'institution de Chaires semblables, où ceux qui ont le souci d'épurer leurs jugements apprendraient les principes rationnels du Beau ? Le Beau est divers, c'est incontestable ; les chapitres ne manquent donc point où s'aiguiserait l'esprit de nos critiques. Citons-en au hasard et nous dessinerons ainsi tout un programme d'études :

La reproduction des Formes. Les rapports entre l'invention et l'imitation. Le caractère du génie et les conditions de son développement. L'idéal et la réalité. L'influence des Anciens et la Beauté classique. La part de l'esprit et celle du sentiment dans l'Art et dans les formes diverses que l'art affecte selon les genres et selon les pays. L'action du caractère individuel ou du génie national. Les conditions générales de la composition et du style...

Autant de thèmes livrés à la méditation du professeur des foules ! Il n'y a pas de raison pour que nos critiques ne les abordent pas, comme le firent J.-J. Engel, J.-W. Boehm, A. von Dommer, Richard Wagner, et comme le fait journellement encore Edouard Hanslick, l'érudit musicographe de Vienne (c'est à dessein et par une réserve que vous apprécierez, que nous ne nommons ici aucun critique français), en nous donnant de véritables leçons de pondération, d'indépendance mesurée, et en nous enseignant que le talent, quel qu'il soit, et quelque prévention qu'il inspire, mérite le respect. Nous ajouterons que le journaliste de notre époque, émancipé, considérable, avide d'honneur et d'honorabilité, se doit à lui-même de justifier la fière parole de Camille Desmoulins :

« Le temps n'est plus où le journaliste n'était qu'un juge de comédie qui prononçait si » Vestris dansait mieux que Dauberval ; ou un maître d'affiches qui indiquait les maisons » à vendre, les effets perdus ; ou un Aristarque éternellement en guerre avec les talents et » en paix avec les vices ; arrêtant les livres et laissant passer les crimes, insultant au » génie, et à genoux devant le despotisme ! »

Aussi, les directeurs d'écrits périodiques en général et les critiques musicaux en particulier seront-ils les premiers à approuver les conclusions de ce rapport ; à retrancher de leur corporation toute trace, s'il en existe, de partialité et d'incompétence, et à instituer une sorte de doctorat reposant sur le savoir et sur la loyauté.

Et maintenant, concluons.

La critique musicale est facile. Exprimons le vœu qu'elle le devienne moins, et aussi que les directeurs des organes de la Presse française et l'École du Journalisme fondée récemment s'entendent pour en réglementer les fonctions.

On pourrait arriver ainsi à un double résultat pratique : d'une part, à la création de chaires d'esthétique musicale ; d'autre part, à la formation d'un jury (choisi dans les Associations syndicales de la presse, parmi les membres de l'Institut et les professeurs de nos Conservatoires) qui rédigerait un bref programme d'études primaires de la musique auquel serait soumis le critique, comme sont soumises à un programme analogue les petites « professeuses » communales.

Enfin, exprimons cet autre vœu (platonique cette fois), que la critique, sans se borner exclusivement à des procès-verbaux, ne juge pas trop au fond les qualités des créateurs ; qu'elle se contente d'être comme le reflet des opinions éparses, impersonnelles ; enfin que ses représentants soient toujours des hommes de métier, s'appliquant, après école faite, à établir la moyenne du goût, — seule mesure applicable au talent.

MM. CHANDON de BRIAILLES et Vincent D'INDY contestent l'influence de la Presse.

M. BAUDOUIN LA LONDRE déclare qu'il y a lieu de faire une distinction entre l'auteur de simples comptes rendus et l'auteur d'analyses techniques. La besogne des deux est utile. Mais le premier est pour lui le « reporter » musical que semble souhaiter M. Paul Milliet ; le second seul est le véritable critique.

Le vœu suivant, présenté par M. Paul MILLIET, est adopté :

Le Congrès émet le vœu que les directeurs des organes de la Presse française et étrangère et l'École du Journalisme fondée récemment, s'entendent pour réglementer les fonctions de la critique musicale.

De l'évolution du drame lyrique.

Lecture est faite du rapport de M. Jules COMBARIEU sur cette question :

Un fait certainement digne d'attention est la rapidité avec laquelle se transforme la musique moderne. La symphonie avait déjà marché à pas de géant, dans l'espace d'un demi-siècle environ : c'est en effet vers 1760 que Haydn compose ses premières symphonies, et c'est vers 1823 que Beethoven, écrivant sa « Neuvième », donne à un aimable divertissement de salon les proportions d'une tragédie grandiose. Profitant de ce progrès, le drame lyrique a évolué plus vite encore. Entre la première représentation de *Tannhaeuser* à Paris (13 mars 1861), et l'heure où nous sommes, il s'est enrichi de plus d'idées et de ressources que durant deux siècles, de Lully à Meyerbeer. Il a brisé la plupart des cadres où le retenait la tradition et s'est assigné pour tâche de faire, avec le langage des sons, ce que les maîtres du théâtre avaient déjà fait avec le langage verbal. Il a mis fin au règne de la virtuosité vocale ; il veut qu'au lieu de se borner à un rôle impersonnel et d'employer de vagues formules de divertissement applicables aux sujets les plus divers, l'orchestre soit astreint au devoir de l'exactitude ; qu'il exprime d'aussi près que possible tout le détail des passions humaines comme la couleur originale du décor où elles s'agitent, et qu'aux discrets « accompagnements » de jadis il substitue une éloquence toujours active, large et colorée, puissante et souple, dédaignant les hors-d'œuvre, soucieuse d'unité, frémissante de vérité. Au service de cette ambition, il a mis une technique extraordinairement perfectionnée, qui lui fait reculer chaque jour la limite de ses audaces. En France, il n'a pas seulement cherché à s'élever, par une noble émulation, jusqu'à la hauteur des modèles qui lui apparaissaient de l'autre côté du Rhin ; il a voulu aller plus loin, se reprendre après s'être donné, et suivre des voies encore inexplorées. Il a renouvelé la grammaire musicale et ébranlé, sinon détruit, les fondements sur lesquels reposait l'ancienne composition lyrique. Enfin, nous venons de le voir céder à l'influence qui, tour à tour, a changé l'orientation de la comédie, du roman, de la peinture, de presque toutes les formes de la pensée moderne, et s'appliquer, lui aussi, à peindre la vie contemporaine, en remplaçant la fantaisie par l'observation, la chimère par le réalisme, les héros casqués ou « travestis », par des chefs d'usine, des ouvriers de Paris ou des faubourgs de Paris... En tout cela, il a montré une ardeur qui rend un peu confus l'état actuel de l'art et lui fait traverser une crise analogue à celle que traversa la poésie au moment de la Renaissance.

En touchant à des questions aussi délicates, la Commission n'a pas voulu prendre parti dans le conflit encore aigu qui met aux prises les forces conservatrices et les forces révolutionnaires de la musique. Elle estime qu'il serait ridicule de demander aux artistes la même unité de doctrine qu'à certains savants, et qu'il n'est même pas bon que cette unité s'établisse. Elle n'oublie pas, en outre, que dans une certaine région élevée du talent, les compositeurs ne sont astreints qu'à une seule règle, la sincérité, et que plus d'un parmi eux aurait qualité pour donner des conseils au lieu d'en recevoir. La Commission ne peut oublier cependant que la musique est un art, et qu'un congrès comme le nôtre serait incomplet s'il n'abordait pas franchement l'examen de certaines questions de goût et d'esthétique. Aussi, sur l'initiative d'un compositeur éminent qui a demandé qu'on mît au programme « l'évolution du drame lyrique », elle propose d'émettre, sur les points suivants, un certain nombre de vœux qui exerceraient peut-être une heureuse influence sur l'esprit des jeunes musiciens :

I. — En vertu de la règle générale d'après laquelle toute forme d'art doit être appropriée à son objet et déterminée par lui, il semble reconnu aujourd'hui qu'on ne peut faire sérieusement « du théâtre », en musique, qu'en employant pour la voix un style d'une structure rythmique beaucoup plus libre que celui de l'ancienne mélodie. Ainsi se trouvent à peu près abandonnées certaines formes d'un dessin trop arrêté où la passion se trouvait comme immobilisée. On a supprimé la mélodie à couplets, on a condamné ces diverses formes de chant où Berlioz — un grand mélodiste pourtant ! — distinguait le chant « innocemment bête », le chant « prétentieusement bête », le « chant plat », le « chant vicieux », le « chant criminel », le « chant scélérat », et qu'on peut désigner d'un seul mot moins violent : le chant anti-dramatique ; mais comme il arrive dans la plupart des révolutions, une tyrannie fâcheuse n'a-t-elle pas été remplacée par une autre tyrannie non moins regrettable ? Sous prétexte qu'autrefois on chantait trop, et mal à propos, n'a-t-on pas une tendance à ne plus chanter du tout et à dissoudre la « phrase » dans le courant de la « mélodie continue » ?

Ne serait-il pas possible de trouver une moyenne, une sorte de tempérament nouveau, entre ces deux excès ?

Faut-il remplacer l'ancien lyrisme de pastorale par un art qui s'appliquerait à ne faire chanter que l'orchestre et qui, par une singulière interversion des préséances naturelles, tendrait à annihiler l'instrument par excellence : la voix humaine ?

Peut-on se résoudre à une conception du drame musical, d'où seraient exclus des types de beauté et d'expression dramatique tels que le quatuor de *Rigoletto*, le duo d'Agathe et d'Annette au second acte de *Freischütz*, le septuor des *Troyens*, le duo de Micaëla et de Don José, et le trio des tireuses de cartes dans *Carmen*, le duo de Margaret et de Rosen dans le *Roi d'Ys* ? En proscrivant de telles formes de composition, la musique ne se priverait-elle pas d'un de ses plus beaux privilèges : celui d'exprimer simultanément — et non successivement, comme dans le théâtre littéraire — des émotions opposées, la joie et la tristesse, l'angoisse et l'espérance, etc... ?

II. — Ennemie de la mélodie à couplets, l'esthétique nouvelle n'a guère été plus favorable au ballet. Elle a une tendance soit à le supprimer, soit à l'écrire dans le style du drame lui-même, en le dégageant des coupes traditionnelles du divertissement chorégraphique. Elle le considère (sous son ancienne forme), comme incompatible avec l'unité du drame.

Un ballet n'est-il pas cependant nécessaire dans un drame, précisément parce qu'il est un divertissement ? Peut-on tenir l'auditeur en haleine, quatre ou cinq actes durant, sans donner un peu de repos à ses nerfs, à ses yeux et à ses oreilles ? S'il y a plaisir à suivre une action logiquement développée, n'y a-t-il pas plaisir aussi à l'oublier pendant quelques minutes pour lui consacrer ensuite une attention nouvelle ? Les Grecs, créateurs du drame lyrique, avaient eu soin d'introduire dans leurs tragédies des évolutions chorales et quelques chants à *côté du sujet*, inutiles à l'action, mais la servant par voie de contraste, et moins sombres qu'elle.

Nous montrerons-nous plus intransigeants que l'auteur d'*Œdipe-Roi* ? Les règles de l'art dramatique ont-elles un caractère géométrique et inflexible ? Ne peut-on pas, à l'occasion, les faire fléchir un peu et les « apprivoiser », comme disait un de nos plus grands poètes ? Le théâtre mérite-t-il d'être pris tellement au sérieux qu'on lui demande une unité d'émotion que n'offre nullement la vie réelle, et pour qu'on en bannisse une source de plaisir certain en sacrifiant ce plaisir à une sorte de théorie quasi-scientifique ? Si l'on supprime le ballet sous prétexte qu'il interrompt l'action, ne faudrait-il pas, pour être logique, supprimer aussi les entr'actes ?

Enfin, comment faut-il traiter le ballet ? Convient-il d'en faire une suite de danses ou une pantomime dramatique ?

III. — L'unité intime à laquelle ont été ramenés le poème littéraire et la musique — associés jadis grâce à une sorte de juxtaposition incomplète et par à peu près — ne devrait-elle pas pouvoir se faire d'abord dans l'esprit du compositeur? Pour cela, ne faudrait-il pas étendre son éducation? Au lieu de lui apprendre seulement l'harmonie, le contre-point, l'instrumentation et l'art de construire une cantate, ne conviendrait-il pas de lui donner, en outre, une solide instruction littéraire et esthétique, de telle sorte qu'une fois en possession des ressources de son métier, il pût lui-même en diriger l'emploi, au lieu de s'en remettre aux hasards d'une collaboration qui peut l'égarer?

Pour atteindre ce but, ne serait-il pas bon d'instituer au Conservatoire un cours — approprié bien entendu à des artistes — sur l'histoire et la littérature?

Puisqu'on a jugé nécessaire, à l'École des Beaux-Arts, d'enseigner aux architectes, aux sculpteurs et aux peintres de l'avenir l'histoire des lettres, ne serait-il pas utile, et pour beaucoup de raisons, de donner aux jeunes musiciens une instruction analogue, de façon à former en eux des esprits plus étendus et plus critiques?

IV. — La science et l'habileté de nos musiciens se sont parfois exercées au détriment de chefs-d'œuvre qu'on aurait dû respecter. Ainsi, des librettistes à court de sujets n'ont pas craint de mutiler telle tragédie classique, tel roman consacré par une admiration séculaire. Ne faudrait-il pas mettre un terme à de tels abus, en vertu de ce principe qu'un art ne doit pas se développer en nuisant à un art voisin?

Faut-il approuver (en ce qui concerne le choix des sujets et des personnages), la tendance réaliste qui vient de se manifester dans l'opéra?

Les compositeurs ne devraient-ils pas s'appliquer surtout à traiter des sujets nationaux? au lieu de travailler sur des contes bleus, sur des poèmes exotiques, sur des idées puisées aux sources les plus étranges et qui ne trouvent ni chez eux, ni dans le public, une foi suffisante ; au lieu d'errer à l'aventure dans un monde cosmopolite de légendes surannées, ne devraient-ils pas étudier leur pays pour s'appliquer ensuite à en exprimer l'âme, se familiariser avec son histoire générale ou bien — s'ils jugent que l'expérience, déjà tentée de ce côté, n'est pas encourageante — puiser dans l'histoire régionale et locale? Savent-ils, en France, les admirables ressources qu'offrent à un artiste épris de couleur, une Provence, une Bretagne, une Bourgogne, avec les grands souvenirs de leur vie féodale, leurs monuments pittoresques, leurs mœurs, leurs poésies et leurs chants populaires?

Le compositeur qui, dans un drame lyrique, arriverait à nous donner la synthèse complète d'une de nos provinces, n'aurait-il pas bien mérité de son pays?

V. — A propos du livret, enfin, le public se plaint qu'il entend mal les paroles ; le mal ne vient-il pas, en grande partie, d'une instrumentation excessive qu'il y aurait avantage à modérer?

M. Vincent d'Indy met en lumière deux des points de ce rapport. L'un est qu'il faut traiter la voix d'une façon plus mélodique : en effet, à cet égard on n'a fait que du récitatif comme les anciens Florentins, ce qui est une erreur. Le second c'est que la plupart du temps on n'entend point la voix : la faute en revient surtout à une orchestration trop touffue, ce qui est une faute.

Le Congrès vote des félicitations au Rapporteur.

L'État doit-il jouer dans les théâtres [et concerts] subventionnés un rôle de protecteur à l'égard des œuvres des Maîtres tombées dans le domaine public?

Lecture est faite du rapport de M. Jules Combarieu sur cette question :

La plupart des pays de l'Europe ont des lois où se trouvent consacrés les deux principes suivants : 1° Les monuments du passé ayant un caractère historique ou artistique doivent être considérés comme une richesse nationale et inaliénable ; 2° l'État, mandataire de la Nation, a la charge de protéger ces monuments à la fois contre la malveillance et contre le zèle dangereux de certains restaurateurs.

En Italie, la protection des monuments remonte à une bulle de Pie II, 28 avril 1462; cette bulle a été successivement complétée par l'édit Doria Pamphili (1802), par les deux célèbres édits du cardinal Pecca (1820), et par la loi présentée à la Chambre le 28 janvier 1892 (cf. l'arrêt de la Cour d'Ancône, 12 octobre 1894). — En Angleterre, loi du 18 août 1882, due à Sir John Lubbock, membre de la Chambre des Communes pour l'Université de Londres. — En Hongrie, loi du 28 mai 1881. — En Grèce, loi du 10 mai 1834. — En Danemarck, rapport de M. Worsax (1878), indiquant toutes les mesures prises pour le même objet. — En Tunisie, décret du 7 mars 1886, rendu par le bey de Tunis avant même la loi promulguée en France, etc., etc.

En France, c'est à la Révolution que revient, malgré des erreurs singulières, l'honneur d'avoir placé pour la première fois les œuvres d'art sous la protection de l'État. « ... En attendant que les monuments qu'il importe de conserver aient pu être transportés dans les dépôts qui leur sont préparés, les administrateurs seront chargés de veiller spécialement à ce qu'il n'y soit apporté aucun dommage par les citoyens *peu instruits* ou *mal intentionnés* » (décret du 16 septembre 1792, cf. l'art. 1, § IV du décret du 11 août, même année). A la suite de ces décrets, on peut rappeler : le « Rapport au Roi », écrit par Guizot (23 octobre 1810), et demandant la création d'un Inspecteur des Beaux-Arts, et quatorze circulaires du Directeur des Beaux-Arts aux Préfets. La première de ces circulaires est de 1832, la dernière est datée du 8 octobre 1874. Elles reviennent avec insistance sur les mêmes principes, et il suffit de citer quelques mots de l'une d'elles pour donner une idée de toutes les autres : « ... Vous ne devez autoriser, sans m'en avoir prévenu, aucuns travaux d'agrandissement, aucunes modifications, même utiles, dans tout autre intérêt que celui de l'art, lorsque ces modifications seraient de nature à altérer la disposition primitive ou le caractère monumental d'un édifice. » (Circulaire du 31 octobre 1845.)

Enfin, après l' « avant-projet » rédigé en 1875 par M. Rousse, sur la demande de M. Wallon ; après les travaux de la Commission extra-parlementaire créée le 15 février 1877 par M. Waddington ; après le projet de loi déposé sur le bureau de la Chambre par M. Bardoux (27 mai 1878), le rapport fait au Conseil d'État par M. Courcelle-Seneuil, le projet modifié présenté à la Chambre par M. Antonin Proust (19 janvier 1892), la discussion du Sénat (1886) et le second projet modifié présenté à la Chambre par M. Proust (22 mars 1887), a été promulguée la loi du 30 mars 1887. Cette loi, obtenue après tant de tâtonnements et de difficultés, protège contre toute tentative de restauration due à l'initiative privée les monuments « dont la conservation, au point de vue historique ou artistique, peut avoir un intérêt national ». (Art. I.) Une liste dite de « classement » indique les immeubles placés désormais sous la surveillance de l'État et qui ne peuvent être « restaurés, réparés ou aliénés sans l'autorisation du Ministre de l'Instruction publique ». (Art. VIII et XI.) La loi pousse si loin le souci des intérêts de l'art et de l'histoire, qu'elle va jusqu'à porter atteinte au droit de propriété, en donnant au Ministre le droit « de poursuivre l'expropriation des monuments classés, alors même qu'elle est refusée par le particulier propriétaire ». (Art. V.)

Pourquoi la musique n'est-elle pas nommée dans ces lois ? Pourquoi les arts plastiques, absorbant toute la sollicitude des Pouvoirs publics, jouissent-ils d'une sorte de privilège ? Est-ce qu'un opéra ou une symphonie du XVIIIe siècle n'offrent pas un intérêt « historique ou artistique » ? Est-ce que les chefs-d'œuvre de l'art musical ne font pas partie, en tout pays, de la richesse « nationale » ?

N'est-il pas anormal que le législateur se soit appliqué avec tant d'insistance à proscrire le « grattage et le badigeonnage » de certains monuments antiques, en disant avec raison : « C'est déshonorer un monument que de lui faire subir l'une ou l'autre de ces opérations » (1), et qu'il se désintéresse des « opérations » analogues, et même plus graves ! qu'on fait subir aux monuments de l'art musical ?

En tournant son attention d'un seul côté et en agissant comme si l'art musical n'existait pas, l'esthétique officielle a créé les anomalies suivantes :

(1) Circulaire du 8 octobre 1874.

A l' « Académie nationale de Musique », l'Etat s'est réservé, d'après les principes que je viens de rappeler, l'entretien du monument — c'est-à-dire de l'extérieur et de l'intérieur de la bâtisse, — pour le gros œuvre et les parties artistiques. Lui seul a le droit d'y toucher. Quant à la manière de traiter les chefs-d'œuvre du répertoire sur la scène de l'Opéra, l'Etat laisse une entière liberté aux Directeurs. Il se borne à exiger d'eux qu' « ils se distinguent des autres théâtres par le choix et la variété des œuvres anciennes ou modernes qu'ils représenteront, par le talent des artistes, comme par le goût et la valeur artistique des décorations, des costumes et de la mise en scène » (Titre I, article 1 du *Cahier des charges*). Il leur défend « de *morceler* aucun ouvrage sans l'autorisation du Ministre » (*ibid.*, titre II, art. 15); mais nulle part il ne les astreint à ce respect des chefs d'œuvre qui devrait être une règle absolue dans un théâtre auquel on donne 800,000 francs de subvention, et dont la fonction est celle d'un musée où l'on garde les monuments de l'art musical!

Or, voici quelques exemples, choisis entre mille, qui montreront les conséquences de l'excessive et regrettable liberté laissée aux Directeurs de théâtre.

J'ouvre la partition dont on se sert, à l'Opéra, pour jouer le *Don Juan* de Mozart. Je constate d'abord qu'on s'est servi de l'édition Peters, laquelle est pleine d'inexactitudes et n'a aucune autorité, et que ni à la Bibliothèque du Conservatoire, ni à la Bibliothèque de l'Opéra, ni ailleurs en France, on ne possède la seule édition correcte de *Don Juan* : la 2e édition donnée par Gugler à Leipzig, chez Leuckart, en 1875. (Ne pas confondre avec la 1re édition publiée en 1868 par le même, et désavouée par lui. C'est celle dont on s'est pourtant servi à l'Opéra-Comique.) En outre, dans le seul *troisième* acte — lequel, bien entendu, est un *deuxième* acte dans l'édition Peters — voici, sans commentaires, la liste des morceaux que l'initiative privée a cru devoir *ajouter* au chef-d'œuvre de Mozart : dix pages d'entr'acte; — huit pages de récit; — deux pages de récit; — treize pages de récit. (Là, une coupure supprimant sept pages du texte gravé.) — Deux pages de récit. (Là, nouvelle coupure, depuis la page 263 jusqu'à la page 268; et, *dans l'intérieur de cette coupure* devenue une sorte de tranchée favorable à des opérations diverses, un énorme paquet où l'on trouve ceci : 1o d'abord, vingt pages de manuscrit cousues et condamnées, — repentir d'adaptateur qui se corrige lui-même après avoir corrigé Mozart —; 2o un trou béant, je veux dire une division qui met fin à un troisième acte, fait baisser le rideau pour une pause d'un quart d'heure, et ouvre... un *quatrième* acte!! 3o cinq pages d'entr'acte; 4o six pages de récit; 5o un *Rondo*, etc., etc.) — On a introduit dans *Don Juan* une anthologie chorégraphique de 57 pages, faite avec des lambeaux de symphonies, des lambeaux de quatuor et de quintette, une marche empruntée à une sonate pour piano... Dans l'ensemble de la partition, le nombre des pages ajoutées s'élève au chiffre de *deux cent vingt-huit!!* C'est Orphée mis en pièces par les Bacchantes.

L'Opéra-Comique, en montant le même ouvrage, semble avoir institué avec l'Opéra un concours d'inexactitude. On n'a pas traité avec plus de respect le *Joseph* de Méhul, les *Troyens* de Berlioz, le *Fidelio* de Beethoven, le *Guillaume Tell* de Rossini...

La Société des Concerts du Conservatoire, qui est, elle aussi, une institution nationale et subventionnée, ne donne pas l'exemple du sens historique et de l'exactitude. J'en fournirai une preuve qu'on ne me reprochera pas d'aller chercher dans un petit coin. Au sujet de l'exécution « intégrale » de la Messe en *si* mineur de J.-S. Bach, dont elle est fière à juste titre, voici les reproches qu'on peut lui adresser : 1o Elle a fait des coupures. Dans le *Kyrie*, après le duetto des soprani, elle a supprimé un chœur à quatre voix et orchestre; dans le *Gloria*, elle a supprimé d'abord un autre chœur à quatre voix et orchestre sur les paroles : *gratias agimus*..., puis (après l'air du contre-alto), un « aria » pour basse accompagné par un « Corno da caccia » et deux hautbois. Pour abréger : elle a biffé cinq morceaux (sur 26); 2o sans se préoccuper de la liturgie à laquelle Bach s'est conformé, et au risque d'altérer la physionomie générale de son œuvre, elle y a introduit des divisions arbitraires. Elle a formé un groupe à part avec l'*Agnus Dei* et le *Dona nobis pacem*, alors que le compositeur les avait réunis aux deux pièces qui les précèdent immédiatement; 3o elle a interverti l'ordre de certaines parties de la Messe, en mettant avant l'*Hozanna*, le *Benedictus* qui doit être entendu après; 4o enfin, au début de l'œuvre, alors que dès la première mesure nous devons être jeté en plein contre-point vocal, elle a placé un petit solo d'orgue... (C'est d'ailleurs l'usage, à ces Concerts, toutes les fois qu'on exécute une pièce *a capella*, de débuter, au mépris de la règle essentielle du genre, par quelque chose d'instrumental.)

Ces quelques faits, dont chacun pourrait facilement allonger la liste avec ses souvenirs personnels et qui permettent de juger, *a fortiori*, ce qui se passe sur des scènes moins importantes, nous permettent de considérer comme suffisamment établie la base même de nos doléances : on n'a pas un respect suffisant des chefs-d'œuvre musicaux ; on n'a même aucun respect pour eux.

Or, de deux choses l'une : ou bien l'État doit se désintéresser du sort des œuvres d'art en général ; ou bien, pour être logique avec lui-même, il doit étendre à la musique les mesures protectrices dont bénéficient les arts voisins.

Admettons que toutes les altérations dont je viens de parler — altérations qui sont pourtant « de nature à altérer la disposition primitive d'un édifice » — étaient admissibles, nécessaires même ; admettons que les chefs-d'œuvre de Mozart, de Méhul, de Berlioz ont été retouchés et corrigés par des mains expertes et impeccables ; n'y a-t-il pas là au moins un danger pour l'avenir? Est-on sûr qu'on aura toujours sous la main un Bourgault-Ducoudray, un Paul Vidal, un Taffanel, un Gevaert, pour remanier tel opéra ou telle symphonie? Les grands compositeurs actuels, membres de l'Institut, les Massenet, les Saint-Saëns, les Paladilhe, les Reyer, les Th. Dubois, les Lenepveu, et ceux de l'autre école : Vincent d'Indy, Alfred Bruneau, Gustave Charpentier, Xavier Leroux, Claude Debussy, tant d'autres qui contribuent à la gloire de leur pays, seraient-ils heureux d'apprendre que dans cinquante ans leurs œuvres seront considérées comme taillables à merci et plus ou moins bien accommodées au goût du jour?

On objectera peut-être ceci :

« Les œuvres plastiques demandent une protection toute spéciale, parce que le mal dont elles souffriraient, si on les restaurait maladroitement ou si on en changeait la disposition, serait un mal irréparable. Il n'en est pas de même pour l'œuvre musicale. Lorsqu'un opéra ou une symphonie ont été maltraités sur la scène de tel ou tel établissement, on a toujours la ressource d'aller en retrouver le texte authentique dans le manuscrit ou dans l'édition princeps conservés dans une bibliothèque. »

A quoi je réponds :

Il est vrai que l'œuvre musicale semble protégée par son immatérialité même contre les atteintes de la malveillance et de l'ignorance. Mais qu'on veuille bien réfléchir à ceci :

1° Un opéra n'existe véritablement que lorsqu'il est joué ; en le déformant pour la représentation, on l'atteint donc dans son existence même ;

2° Un théâtre national a un grand rôle à remplir : il doit faire l'éducation artistique et morale du peuple. Or, avec quoi se fait cette éducation? Est-ce avec les pièces qu'on montre devant les feux de la rampe, ou bien est-ce avec tel manuscrit rarissime, connu seulement de quelques érudits, et qu'il est impossible de lire sans des connaissances de spécialiste? Ce serait vraiment se moquer des gens que de leur dire : « Nous allons vous jouer un *Don Juan* qui n'est pas le vrai *Don Juan* et qui ne pourra vous donner qu'une fausse idée de Mozart ; mais si vous voulez bien aller à la bibliothèque du Conservatoire, vous y trouverez le *Don Juan* authentique, en lisant le manuscrit donné par Mme Viardot! » — En tolérant les arrangements musicaux les plus arbitraires, on fausse donc l'éducation artistique du peuple ;

3° Est-on bien sûr que le mal fait à un opéra soit passager et réparable? Quand on demande à une chanteuse pourquoi elle dénature par des vocalises ou par des points d'orgue déplacés le dessin de telle mélodie classique, elle répond invariablement : « Telle chanteuse célèbre faisait autrefois ainsi, *c'est la tradition*. » Il en est de même pour les changements plus graves que tolère le chef d'orchestre dans l'économie d'une partition. Au théâtre, ce qui est une fois coupé ne reparaît plus jamais ; en revanche, les végétations parasites dont on surcharge une œuvre finissent par faire corps avec elle. C'est ce qui est arrivé pour le ballet de *Don Juan* ;

4° Si on entre dans la voie des remaniements, à quelle limite s'arrêtera-t-on? Lorsqu'on a remanié le *Joseph* de Méhul, on a donné comme raison qu'aujourd'hui l'idée du « drame lyrique » s'était substituée à celle du « drame mêlé de chant ». Mais pourquoi se borner là?

Ce n'est pas seulement de l'ancien opéra sans unité que nous sommes aujourd'hui détachés! Ainsi, nous n'aimons plus (au moins au théâtre) les couplets; pourquoi ne pas supprimer tous les couplets qu'il y a dans *Joseph*?... Nous pensons que l'emploi fréquent des dissonances est quasiment nécessaire dans le vrai style dramatique; pourquoi ne pas introduire des dissonances dans *Joseph*?... Osera-t-on aller jusque-là?

5° Il convient de distinguer les scènes non subventionnées des scènes subventionnées. Des premières, l'État peut se désintéresser. Il faut respecter partout la liberté, même celle du mauvais goût. Mais dans les théâtres qui sont sa propriété, qu'il subventionne, qui travaillent sous sa surveillance et avec sa garantie, l'État n'est-il pas engagé, par une raison d'élémentaire convenance, à jouer un autre rôle? Est-il admissible qu'il donne son estampille à des produits falsifiés et qu'il se fasse le complice d'une sorte de trahison à l'égard des compositeurs de génie?

6° Enfin, je pourrais invoquer le témoignage de tous les musiciens qui font autorité et qui n'ont cessé de protester contre de scandaleux abus. J'en citerai deux seulement. « Les théâtres (officiels), disait Berlioz, sont les mauvais lieux de la musique, et la chaste muse qu'on y traîne ne peut y entrer qu'en rougissant. » M. Camille Saint-Saëns, avec autant d'esprit que d'autorité, a dit aussi : « On sait que les navires, quand ils ont parcouru les Océans Atlantique, Pacifique, Arctique, Antarctique, reviennent un beau jour dans un état déplorable. Un tas de végétations parasites, de coquillages inutiles et bizarres, envahit leur coque, au point d'alourdir leur marche; on est obligé de les retirer du monde, de les confiner pendant quelque temps dans un bassin où on les ratisse, où on les nettoie, où on les remet autant que possible dans l'état où ils étaient le jour où ils ont quitté le chantier natal. Il en est de même des opéras. — Le public, quand il assiste à l'exécution d'un opéra, croit naïvement qu'on le lui fait entendre tel qu'il est. — Les interprètes sont possédés toujours et partout d'une idée fixe: faire des changements, en faire le plus possible, pour substituer leur propre création à celle de l'auteur, etc... » (1).

En vérité, cela est-il tolérable? Si nous dépensons 800.000 francs par an pour le seul Opéra, si nous avons une Direction des Beaux-Arts et des Inspecteurs des Beaux-Arts, de telles licences ne doivent-elles pas être arrêtées?

Sans développer davantage une thèse qui nous paraît s'appuyer sur le bon sens autant que sur le sens artistique, nous proposons au Congrès de Musique d'émettre les vœux suivants :

1° Toute œuvre représentée sur la scène d'un théâtre subventionné, ou exécutée dans un concert subventionné, sera considérée comme « classée ».

(Habituellement, l'État n'accorde qu'avec circonspection le bénéfice du classement, parce que, sans prendre à son compte les frais d'entretien et de restauration d'un monument, il se considère comme moralement engagé à y contribuer. Or, s'il s'agit d'une œuvre jouée à l'Opéra ou à l'Opéra-Comique, ce motif d'hésitation ne saurait exister: il est supprimé par le fait même de la subvention déjà accordée à l'établissement. Ce n'est plus une charge que l'État va s'imposer, c'est simplement un droit qu'il exercera, par suite de sacrifices préalablement consentis et de dépenses déjà faites par lui.)

2° Les dispositions de la loi relatives aux monuments historiques seront appliquées aux œuvres músicales classées, c'est-à-dire que, quand un directeur de théâtre ou de concert subventionné voudra remanier un opéra ou une symphonie, il devra adresser au Ministre : *a)* une note sur l'œuvre en question; *b)* un exposé des motifs pour lesquels il juge une modification nécessaire; *c)* une liste détaillée de tous les changements qu'il se propose de faire; *d)* l'évaluation des frais que ces remaniements pourront entraîner.

Les Directeurs d'établissements subventionnés ne seront autorisés à commencer des travaux de ce genre qu'après avoir reçu l'autorisation écrite du Ministre ou de son représentant.

3° Les œuvres dont les auteurs sont encore vivants pourront seules être remaniées, sans que le Ministre ait donné son avis et son autorisation.

4° Lorsqu'une œuvre aura été remaniée dans les conditions ci-dessus énoncées, mention devra en être faite sur les affiches et sur les programmes distribués au public.

(1) *Harmonie et Mélodie*, pag. 175-177.

5° Il sera formellement interdit aux Professeurs du Conservatoire (1) d'altérer les textes musicaux; il leur sera au contraire expressément recommandé de donner aux élèves l'exemple du respect dû aux œuvres des Maîtres.

6° A la Commission des Monuments historiques sera ajoutée une Sous-Commission chargée de l'examen de toutes les questions relatives à l'art musical dans les Théâtres et Concerts subventionnés; cette Sous-Commission aura pour rôle : *a*) d'indiquer aux Directeurs les éditions les meilleures dont ils ont à se servir; *b*) d'examiner leurs propositions (2).

7° Pour chaque infraction au présent règlement, le Directeur d'un établissement subventionné sera frappé (par les soins du Commissaire du Gouvernement ou d'un Inspecteur des Beaux-Arts) d'une amende variant de 500 à 3.000 francs.

M. le PRÉSIDENT proteste au nom du Conservatoire national de Musique.

M. SCHWARTZ fait observer que, dans le Rapport, ce n'est pas le Conservatoire qui est visé, mais la Société des Concerts.

M. Vincent D'INDY approuve les conclusions du Rapporteur.

M. E. D'EICHTHAL présente les difficultés qu'il voit dans l'interdiction absolue qui serait faite aux compositeurs de modifier les œuvres de leurs devanciers suivant les progrès de la facture instrumentale.

La suite de la discussion est renvoyée au lendemain.

La séance est levée à midi.

DEUXIÈME SÉANCE

VENDREDI 15 JUIN 1900

La séance est ouverte à 9 heures, sous la présidence de M. Vincent D'INDY, qui cède à 11 heures la présidence à M. Victor MAHILLON.

M. le PRÉSIDENT donne lecture de la lettre suivante : « Monsieur le Président. J'ai l'honneur de vous adresser ma démission de président d'honneur du Congrès de Musique. Je remercie MM. les membres du Congrès de la marque de confiance qu'ils avaient bien voulu me témoigner, et je vous prie, Monsieur le Président, d'agréer l'assurance de ma haute considération. Théodore DUBOIS. »

M. le PRÉSIDENT déclare que cette décision, que le Congrès regrette, peut s'expliquer par les nombreux travaux qui empêchent M. Théodore Dubois d'assister aux séances, mais que néanmoins M. Théodore Dubois devrait conserver le titre de président d'honneur.

A l'unanimité, le Congrès décide de ne pas accepter la démission de son éminent président d'honneur.

Le vœu suivant, relatif à la protection des **œuvres des Maîtres tombées dans le domaine public,** et proposé par M. E. D'EICHTHAL, est adopté :

Le Congrès émet le vœu : 1° que les Administrations des Beaux-Arts veillent, dans

(1) Dès le Règlement du 15 messidor an IV, les musiciens se réjouissaient de voir dans le Conservatoire une École destinée « à leur rendre les œuvres des grands Maîtres, défigurées partout ailleurs, à l'Opéra principalement, où l'on ne reconnait plus rien aux morceaux ». (*Journal de Paris*, cité par A. Martinet, *Histoire anecdotique du Conservatoire*, pag. 49.)

(2) Cette Sous-Commission pourrait aussi donner d'utiles avis pour la mise en scène. N'est-il pas regrettable de voir notre « Académie Nationale de Musique » donner à *Faust* des décors de style Renaissance, alors qu'il faudrait des décors de style gothique ?

les écoles et conservatoires publics, ainsi que sur les scènes et dans les concerts subventionnés, au respect absolu du texte original des œuvres des compositeurs morts ; 2° qu'il se forme des comités libres pour la défense des monuments musicaux analogues aux comités des monuments de Paris et de la province, qui s'attacheront à assurer l'intégrité des œuvres musicales et à les protéger contre les atteintes qui y seraient portées.

Le tableau de la composition normale des **harmonies et des fanfares** est ensuite discuté.

M. Mahillon place les bassons dans le groupe I. M. Schmidt préconise l'unité des timbres, distingue des trombones alto, ténors, basse, apporte des modifications au groupe V et à la Fanfare. M. Evette ajoute au groupe II les clarinettes contralto et contrebasse.

Le tableau suivant est adopté :

HARMONIE

I.
- 1 petite flûte en *ut*.
- 2 grandes flûtes en *ut*.
- 2 hautbois.
- (1 cor anglais) (1).
- 2 bassons.
- 1 sarrusophone.

II.
- 2 petites clarinettes en *mi b* ou *fa*.
- 1 clarinette solo en *si b* ou *ut*.
- 6 premières clarinettes en *si b* ou *ut*.
- 4 secondes clarinettes en *si b* ou *ut*.
- 1 clarinette alto en *fa*.
- 1 clarinette contralto.
- 1 clarinette basse en *si b* ou *ut*.
- 1 clarinette contrebasse.

III.
- (1 saxophone soprano en *si b* ou *ut*) (1).
- 2 saxophones altos en *mi b* ou *fa*.
- 2 saxophones ténors en *si b* ou *ut*.
- 2 saxophones barytons en *mi b* ou *fa*.
- 1 saxophone basse en *si b* ou *ut*.

IV.
- 2 trompettes en *fa*.
- 2 cornets en *si b* ou *ut* (dont 1 solo).
- 3 cors en *fa*.
- 1 trombone alto.
- 2 trombones ténors.
- 1 trombone basse.

V.
- 1 petit bugle en *mi b* ou *fa*.
- 2 bugles en *si b* ou *ut*.
- 2 altos en *mi b* ou *fa*.
- 2 barytons en *si b* ou *ut*.
- 1 basse solo.
- 4 basses en *si b* ou *ut*.
- 2 contrebasses en *mi b* ou *fa*.
- 2 contrebasses en *si b* ou *ut*.

VI.
- 1 paire de timbales ou caisse roulante.
- 1 caisse claire.
- 1 grosse caisse.
- 1 paire de cymbales.
- (1, accessoires) (1).

Exécutants	63
En plus	3
Total général	66

(1) Facultatif.

FANFARE

I.
- (1 saxophone soprano).
- (2 saxophones altos).
- (2 saxophones ténors).
- (2 saxophones barytons).
- (1 saxophone basse).

II.
- 2 trompettes.
- 1 cornet solo.
- 1 2e cornet.
- 2 cors ou cors altos.
- 1 trombone alto.
- 2 trombones ténors.
- 1 trombone basse.

III.
- 2 petits bugles.
- 1 bugle solo.
- 4 premiers bugles.
- 4 seconds bugles.
- 1 alto solo.
- 2 altos.
- 2 barytons.
- 1 basse solo.
- 5 basses.
- 2 contrebasses en *mi b*.
- 4 contrebasses en *si b*.

IV.
- 1 paire de timbales.
- 2, accessoires.

Exécutants	41
Saxophones	8
Total général	49

Généralisation de l'emploi du diapason normal. Étude des moyens de le rendre obligatoire.

M. Gustave LYON lit son rapport sur cette question.

J'ai été chargé par la Commission d'organisation du 1er Congrès de la Musique, d'exposer les raisons d'être de la 1re question, de vous démontrer, si je le puis, la nécessité de la solutionner et de solliciter de vous une énergique décision pour faire aboutir les desiderata qui seront soumis à votre approbation :

Nous rappellerons qu'en 1859, la Commission du diapason, après avoir consulté les Directeurs du Conservatoire, les Chefs d'orchestre, les Directeurs de fanfares ou d'harmonies, d'orphéons ou de musiques militaires, non seulement de la France, mais du monde entier, ainsi que les fabricants les plus remarquables d'instruments de tout genre, constatait : « tous les embarras résultant de l'élévation toujours croissante du diapason et de la différence des diapasons », et reconnaissait qu'il fallait faire cesser cette sorte d'anarchie et rendre au monde musical un service aussi important que celui rendu autrefois au monde industriel par la création d'un système uniforme de mesures.

Les conclusions de la Commission furent les suivantes :

1° Un diapason uniforme pour tous les établissements musicaux de France était adopté ;

2° Ce diapason donnait le *la* 58e degré de l'échelle chromatique des sons musicaux.

Les mesures prises pour assurer l'adoption et la conservation de ce diapason consistèrent en ceci :

1° Un diapason type exécutant 870 vibrations par seconde à la température de 15° centigrades fut construit sous la direction et le contrôle de M. Lissajous.

2° Ce diapason étalon prototype est déposé au Conservatoire de musique et de déclamation.

3° Ce diapason devait devenir obligatoire en France, à partir du 1er décembre 1859.

4° L'état des diapasons et instruments dans tous les théâtres, écoles, et autres établissements musicaux devait être constamment soumis à des vérifications administratives.

Mesures essentiellement sages et pratiques, si elles avaient été appliquées avec persistance. Or, il faut le reconnaître, la question du diapason constant reste entière.

Les chefs d'orchestre ne tiennent pas la main à sa persistance. Ils laissent aller les instrumentistes à vent dans leur course folle vers l'exhaussement du diapason avec lequel ils obtiennent plus d'éclat, et par suite plus de succès, ce qui d'ailleurs tend à se produire par l'échauffement de l'air lui-même si une correction, facilement réalisable par chaque instrumentiste, n'intervient à temps.

Les *vents*, pour employer l'expression usuelle, entraînent avec eux les instruments à cordes jusqu'à la rupture des chanterelles, laissant derrière eux les instruments à sons fixes, cloches, celestas, pianos, qu'on accuse sans hésitation de fausseté déplorable, et laissant souvent en place, en les cassant au besoin, les voix des chanteurs dont les cordes vocales se conduisent comme les chanterelles des violons.

L'exagération dans la montée d'un orchestre pendant le cours d'une soirée, atteint des proportions que j'ai pu plusieurs fois mesurer.

J'ai vérifié et fait constater par 7 témoins musiciens, accordeurs, chanteurs, que dans l'exécution de l'*Arlésienne* à l'Odéon, les chœurs que soutenait un piano n'ont pu être aidés efficacement par lui, que lorsque je le fis accorder pour un *la* de 920 vibrations par seconde, ce qui est juste le *la dièse* du diapason *la* 870. Or, l'orchestre était parti des environs du *la* 870, il avait donc progressivement atteint, sous le nom de *la*, le nombre de vibrations du *la dièse* vers le milieu de la soirée, et si le chœur avait eu à faire entendre le fameux *ut dièse* de Tamberlick, il aurait dû émettre un *ré* tout simplement du diapason 870, pour donner la note que l'orchestre aurait fait sonner sous le nom d'*ut dièse*.

Les raisons magistralement exposées par la Commission de 1859, subsistent complètement pour l'adoption d'un diapason unique de par le monde.

D'ailleurs, le diapason normal de 870 est adopté à peu près partout à l'heure actuelle, en Allemagne même par les musiques militaires, en Angleterre par la Société Philharmonique, en Belgique par toutes les Sociétés musicales, etc.

Pour conclure, quels vœux aurais-je donc à présenter au Congrès ? Les voici : 1° En général que le diapason normal en acier de 870 vibrations par seconde à 15 degrés centigrades pour le *la* (58e degré de l'échelle chromatique des sons musicaux) soit rendu réglementaire pour tous les États ; 2° en particulier que les musiques militaires, les musiques civiles, les grandes orgues, les harmoniums d'église, les carillons des villes ou communes, les instruments d'orchestres de conservatoires ou écoles de musique, etc., soient établis pour la température normale de leur emploi sur l'étalon diapason d'acier de 870 vibrations par seconde à 15° centigrades ; 3° que les jurés, dans les concours, disqualifient toutes les exécutions faites avec un autre diapason et que les organisateurs de ces concours ne puissent avoir un appui officiel (consistant en l'envoi de délégués officiels et l'octroi de médailles, prix, etc.) qu'avec l'obligation de mettre cette clause dans leurs règlements ; 4° que les chefs d'orchestre s'attachent à maintenir leur orchestre au diapason normal durant toute l'exécution musicale qu'ils dirigent, ce qui est réalisable puisque lorsqu'un orchestre joue d'une façon concertante avec un instrument à sons fixes comme le piano, il joue en parfait accord avec cet instrument même pendant une heure de suite. Cela est d'ailleurs très souhaitable pour la conservation de l'équilibre des instruments à cordes, de la justesse des instruments à vent dont la perce ne varie pas avec l'échauffement de l'air, enfin pour la pureté et la pose de la voix humaine ; 5° que les inspecteurs des Beaux-Arts tiennent la main à l'exécution de ces prescriptions et qu'ils soient armés pour le faire.

M. F. Hellouin. Des critiques sont adressées au diapason normal, notamment à l'étranger. Nous allons, si vous le voulez bien, les prendre une à une par ordre d'importance et voir si elles sont fondées.

Certains commencent par prétendre que le terme de « diapason » est illogique, parce qu'il exprimait l'octave dans l'antiquité.

L'objection décèle une certaine ignorance de la question. Le mot « diapason », formé de deux racines grecques qui signifient « par toutes les notes », représentait bien en effet l'octave, mais à la fin du XVIIIe siècle il s'appliquait très logiquement à l'instrument qui servait à donner le ton aux orchestres. C'était une sorte de sifflet ou de flageolet, en ivoire, en métal ou en bois, d'une longueur d'environ 20 centimètres, qui, à l'aide d'un piston gradué, avait l'avantage de donner chaque note de la gamme diatonique. Cet ingénieux instrument s'appela d'abord « ton » ou « choriste ». Je lui ai trouvé pour la première fois le nom de « diapason » en 1766, dans l'Art du Facteur d'orgues de Dom Bedos. C'est celui qui est resté en usage. Il n'est donc pas illogique, dans son principe tout au moins.

On dit ensuite que le nombre de 870 vibrations était préféré personnellement par Halévy, rapporteur de la Commission dont on vient de vous parler, et que les membres de celle-ci l'ont accepté par déférence.

Mais les opinions n'ont de valeur que par elles-mêmes, et les nouvelles commencent toujours par être le partage d'un petit nombre ou même d'un seul. Au fond, cette objection n'est qu'une naïveté.

D'autres insinuent qu'avec le diapason normal on ne chante pas plus juste et que les instruments de musique ne sont pas mieux fabriqués.

C'est un enfantillage, car il est peu probable que l'on trouve jamais un nombre de vibrations qui ait le pouvoir fatidique de rendre tous les chanteurs bons musiciens et tous les facteurs consciencieux.

Faut-il s'arrêter à cette opinion que la musique d'église étant plus grave que la profane, elle doit avoir un diapason plus bas ?

Vous estimerez sans doute que nous n'avons pas de temps à perdre avec des jeux de mots.

Jusqu'ici, vous avez pu vous en convaincre, les objections ne sont pas sérieuses, car elles manquent de fondement. Abordons maintenant celles qui s'appuient sur les mathématiques, ou du moins qui émettent cette prétention. Nous verrons si elles offrent plus de valeur.

870 vibrations auraient l'inconvénient de ne pas correspondre à 2 commas un quart, mesure exacte du quart de ton, mais à 3 commas un tiers.

Pourquoi la première combinaison est-elle préférable à la seconde? Présente-t-elle une supériorité ou un avantage? On ne fournit aucune explication à cet égard, et pour cause.

Plusieurs enfin réclament le nombre de 864 vibrations, les uns en se basant sur une progression géométrique; les autres en invoquant que ce nombre ne contient que 2 et 3 comme facteurs premiers; certains en prenant comme point de départ une vibration à la seconde.

Au bout d'un court moment de réflexion, on s'aperçoit que ces trois raisonnements sont de simples amusements d'esprit dont les chiffres constituent le principal élément. Les dix chiffres du calcul sont comme les douze sons de la musique : en les combinant avec habileté on leur fait dire tout ce que l'on veut. Ces trois raisonnements n'ont donc aucune signification.

Quant au troisième notamment, celui qui prend comme point de départ la seconde, il a le tort, oubliant totalement que cette unité de temps est absolument conventionnelle, de reprocher au nombre 870 d'avoir le même caractère. En réalité, une base scientifique fera toujours défaut pour la fixation d'un diapason. Il a donc bien fallu avoir recours à la convention.

En résumé, le diapason normal ne mérite aucun des reproches qui lui sont adressés. Il ne présente aucun inconvénient.

Quant aux moyens proposés par l'honorable Rapporteur pour le rendre obligatoire, je les trouve trop nombreux et trop compliqués. Je crois que la seule chose que nous ayons à faire, pour arriver au résultat désiré, consiste simplement à recommander le diapason normal aux Gouvernements des pays qui ne l'ont pas encore admis, aux fabricants et aux acheteurs.

En conséquence, j'ai l'honneur de soumettre à votre approbation le vœu suivant :

« Le Congrès émet le vœu :

» Que le diapason normal soit rendu obligatoire dans tous les établissements officiels où il ne l'est pas encore;

» Que la facture instrumentale n'emploie que lui;

» Et que les acheteurs rejettent tout instrument non construit d'après ses données. »

M. Victor MAHILLON demande que l'étalon de 870 vibrations se comprenne par une température de 20 degrés.

M. Jules COMBARIEU présente le vœu suivant qui est adopté :

Que les arrêtés ministériels, pris à la suite des travaux de la Commission de 1859, en vue de généraliser et de rendre obligatoire le diapason fixé à 870 vibrations, soient appliqués avec rigueur.

Le Rapporteur présente les additions suivantes qui sont adoptées :

1° *Que le diapason normal en acier de 870 vibrations par seconde à 20 degrés centigrades pour le* la *(58e degré de l'échelle chromatique des sons musicaux) soit rendu réglementaire pour tous les États ;*

2° *Que les musiques militaires, les musiques civiles, les grandes orgues, les harmoniums d'églises, les carillons des villes et communes, les instruments d'orchestres, de conservatoires ou écoles de musique, etc., soient établis sur l'étalon de 870 vibrations par seconde ;*

3° *Que les jurés, dans les concours, disqualifient toutes les exécutions faites avec un autre diapason, et que les organisateurs de ces concours ne puissent avoir un appui officiel (consistant en l'envoi de délégués de ministères aussi bien qu'en l'octroi de prix, médailles, etc.) qu'avec l'obligation de mettre cette clause dans leurs règlements ;*

4° *Que les chefs d'orchestre s'attachent à maintenir leur orchestre au diapason normal pendant toute la durée du concert qu'ils dirigent ;*

5° *Que les inspecteurs des Beaux-Arts tiennent la main à l'exécution de ces prescriptions et qu'ils soient armés pour le faire.*

Transformation des instruments dits simples en instruments chromatiques. Définition des instruments chromatiques.

Lecture est faite du rapport que M. Vincent d'Indy a rédigé au nom de la Sous-Commission composée de MM. le colonel Baudot, Théophile Dureau, Vincent d'Indy, Gabriel Parès :

On appelle instrument chromatique celui qui possède constitutivement les douze degrés de la gamme tempérée.

Les avantages de la transformation des instruments simples en instruments chromatiques, au point de vue du développement moderne de l'art musical, a paru à la Sous-Commission d'une évidence telle qu'elle n'a pas cru devoir insister autrement sur cette question, dont la solution s'établit à l'heure actuelle d'une façon nécessaire. Il ne semble pas qu'il y ait lieu d'appuyer sur les raisons qui militent en faveur de l'affirmative en cette question, la transformation étant, à l'heure présente, un fait acquis pour tous les instruments, à l'exception du trombone.

Elle a cependant fait une restriction à l'égard du trombone à coulisse, dont la transformation ne s'impose pas tant qu'on n'aura point trouvé à appliquer à cet instrument un système chromatique qui lui conserve pleinement son caractère et sa sonorité.

La définition suivante est adoptée :

On appelle instrument chromatique celui qui contient constitutivement les douze degrés de la gamme tempérée.

Suivant les observations de M. Victor Souchon, le vœu suivant est adopté :

Le Congrès émet le vœu que les constructeurs veuillent bien chercher une amélioration du trombone à pistons, de telle façon qu'il ait l'éclat du trombone à coulisse.

Régularisation des indications et appareils métronomiques.

M. Canat de Chizy lit son rapport sur cette question :

Un des points que la Commission a cru devoir soumettre à l'étude du Congrès est l'unification des indications et appareils métronomiques. Quelques mots nous paraissent utiles pour vous mettre au courant de la question.

Un appareil métronomique est, d'après son étymologie, celui qui montre la mesure ; il doit de plus pouvoir montrer la mesure indiquée dans le morceau à exécuter. La mesure en musique, étant une durée doit être évaluée en fractions d'unité de temps. L'unité de temps admise en musique est la minute et la durée de la mesure est donnée par le nombre de fois qu'une partie déterminée de cette mesure, blanche, noire ou croche, doit se produire par minute. C'est ce que signifie la note suivie d'un chiffre placée en tête des morceaux dont le mouvement est indiqué.

Un métronome doit donc reproduire par un signe cette blanche, cette noire ou cette croche, autant de fois par minute que l'indique le chiffre écrit. Ce signe peut être perçu par l'œil ou par l'oreille. Il est certain que le signe optique est de beaucoup inférieur au signe auditif. Il s'agit, en effet, de percevoir une concordance entre la production de ce signe et la musique que l'on entend. Il est donc logique que les deux impressions soient perçues par le même sens de l'ouïe et n'obligent pas au travail fatigant et causant toujours un peu de retard de la transmission de la perception d'un sens à l'autre. Les métronomes purement optiques nous paraissent donc devoir être abandonnés.

Les métronomes auditifs doivent donc diviser le temps en parties égales et faire percevoir un bruit à chacune de ces divisions.

Il y a deux manières de diviser le temps en parties égales, l'une par un mouvement continu qu'on arrive à réaliser pratiquement aujourd'hui et qui, par un artifice approprié, peut produire le nombre voulu de signaux équidistants dans l'unité de temps ; l'autre, plus simple, par le pendule qui dans les conditions voulues donne des oscillations isochrones.

Le pendule peut être employé à l'état simple, masse au bout d'un fil, dont les oscillations sont d'autant plus rapides que la masse est plus près du point de suspension. Il est peu pratique comme métronome, à cause de ses dimensions, puisqu'il lui faut un mètre de longueur pour le chiffre 60 des indications musicales.

Le pendule composé a été très habilement employé dans le métronome connu, inventé par Maelzel, qui fait intervenir l'inertie d'un curseur pesant se mouvant sur la tige du pendule au-dessus de son point de suspension. On obtient ainsi un pendule pouvant, malgré ses très petites dimensions, donner des oscillations très lentes.

Mais le pendule seul ne donne que des signes optiques, de plus il s'arrête très rapidement. Un mouvement d'horlogerie entretient ce pendule, et l'échappement avançant d'une dent à chaque oscillation produit un petit bruit sec très suffisant.

Les métronomes construits sur ce principe sont malheureusement des appareils très imparfaits : il suffit d'en faire marcher ensemble plusieurs dont les curseurs soient à la même division pour voir qu'il n'y a aucun synchronisme entre eux ; de semblables appareils ne peuvent donc donner aucune indication précise.

Cela tient à plusieurs causes toutes réparables. Les divisions de la tige sont le plus souvent faites à l'estampage, tandis que les moindres différences dans les poids de toutes les parties du pendule peuvent les faire beaucoup varier.

Le mouvement d'horlogerie doit être très soigné ; le frottement de l'échappement intervient énormément, surtout pour les oscillations lentes ; de plus, l'effort du mouvement sur cet échappement varie dans de grandes limites, et l'entretien du pendule suit cette variation. Il faut employer comme moteur ou un poids, ce qui est peu pratique, ou un ressort très long dont la tension ne varie que peu pendant l'emploi du métronome ; cette variation peut encore être compensée par un système quelconque, tel que la chaîne et le fuseau employés dans les anciennes montres.

Tout cela peut être assez facilement réalisé et un métronome bien construit peut rester très longtemps comparable à lui-même ; mais il doit présenter une garantie. Les divisions du temps qu'il fait entendre sont-elles bien celles qui sont indiquées sur sa graduation?

Vous savez que l'État, après avoir nommé en 1858 une Commission pour établir un étalon sonore invariable, admit par l'arrêt de février 1859, comme étalon, le diapason donnant le *la* pour 870 vibrations par seconde.

L'article 4 de ce décret ordonne que tous les établissements musicaux autorisés par l'État devront être munis du diapason vérifié et poinçonné conformément au diapason prototype.

L'arrêt du 31 mai 1859 fixe le poinçon et organise le système de vérification qui fonctionne depuis ce moment au Conservatoire de Musique de Paris.

N'y aurait-il pas lieu de doter le Conservatoire de chaque état d'un métronome normal scientifiquement exact et d'après lequel on pourrait vérifier ceux sur les indications desquels on voudrait une garantie?

Pour Paris, notamment, le service de vérification des diapasons n'est-il pas tout indiqué pour les métronomes?

M. F. Hellouin. L'honorable Rapporteur a critiqué les métronomes muets, autrement dit les pendules simples. Il me permettra de ne pas être de son avis.

Autrefois, ces instruments étaient incommodes, à cause de leur longueur. Actuellement, cet inconvénient a disparu, grâce à une ingénieuse disposition trouvée par M. Roques. Le métronome normal — tel est le nom de l'appareil en question — a 30 centimètres de hauteur, et comprend 90 mouvements. Il a été approuvé par l'Académie des Sciences le 7 mars 1887.

Si l'on omet les variations de l'action de la pesanteur, laquelle peut être considérée comme insignifiante, un seul reproche serait à faire à tous les métronomes muets : la difficulté pour l'œil de saisir le moment de l'oscillation. En réalité, l'objection n'est pas très fondée ; sans cela, on l'aurait adressée au bâton du chef d'orchestre, ce qui ne s'est jamais produit.

Ces sortes de métronomes sont très pratiques, car ils sont exacts et peu coûteux. De plus, quand on a pris le mouvement indiqué, on n'est pas obligé de s'interrompre pour arrêter, comme dans les métronomes parlants, un bruit qui devient gênant.

Cependant, ils ne sont pas répandus, et on se sert généralement du métronome parlant du mécanicien anglais Winckel, connu sous le nom du voleur, c'est-à-dire de Maëlzel.

Le rapport qui vient de vous être présenté tend aux mêmes fins qu'une communication adressée par M. Saint-Saëns à l'Académie des Sciences, le 28 juin 1886, c'est-à-dire à la création d'un métronome étalon, rendu nécessaire par les défectuosités des appareils offerts par le commerce.

Pourquoi l'éminent compositeur, membre de notre Congrès, ne nous a-t-il pas réitéré la demande jadis faite par lui ? La raison en est bien simple. C'est que satisfaction lui a été donnée dans une communication envoyée au même corps l'année suivante, par Hirn, physicien alsacien.

Hirn recommande tout simplement de vérifier les appareils avec une montre à secondes. Cela présente l'immense avantage de ne pas avoir recours à une vérification administrative. Je comprends cette formalité pour le diapason, car alors elle est utile ; mais pour le métronome, elle est inutile. Conservons donc notre liberté, autant que possible, et n'alimentons pas les instincts vexatoires de l'Administration.

Je sais bien que certains constructeurs prétendent que l'on peut arriver à faire des métronomes absolument parfaits.

Or, il m'a été donné dernièrement de constater que le métronome qui sert à l'École de Médecine pour les expériences de physiologie — par conséquent instrument de précision dans toute l'acception du terme — présentait encore des irrégularités. Un appareil enregistreur, construit d'après les indications de mon parent et ami, M. le Dr André Broca, agrégé de physique de la Faculté de Médecine de Paris, le démontre d'une façon irréfragable. Et il est impossible qu'il en soit autrement, car le métronome usuel est défectueux dans son principe. Ainsi que l'a prouvé M. Lippmann, dans deux communications faites à l'Académie des Sciences, en 1896 et en 1898, lorsqu'une impulsion est communiquée à un pendule quand celui-ci n'est pas dans la position verticale, le phénomène de l'isochronisme ne se produit plus.

On peut objecter que l'horlogerie de précision, par une construction habile et compliquée, arrive à rendre la perturbation sensiblement constante. Mais il ne faut pas espérer obtenir semblable résultat pour le métronome, car il doit remplir deux conditions : être d'une construction simple et peu coûteuse.

Il faudrait donc modifier le mécanisme du métronome usuel, de façon que l'impulsion fût donnée au balancier lorsque celui-ci est dans la position d'équilibre.

Pour conclure, j'ai donc l'honneur de soumettre à votre approbation le vœu suivant :

« Le Congrès émet le vœu :

» Que le mécanisme du métronome usuel soit modifié de façon que l'impulsion soit » communiquée au balancier lorsque celui-ci est dans la position d'équilibre ; et qu'en » attendant cette solution, tous les appareils en usage ne soient employés qu'après récente » vérification avec une montre à secondes. »

On peut s'étonner de trouver l'expression « après récente vérification ». La raison en est bien simple : j'ai remarqué que certains métronomes, au bout de quelques années d'usage, font entendre le bruit alors que le balancier ne se trouve pas toujours au même endroit de sa course.

M. Gustave Lyon ne croit pas que le Congrès puisse émettre un vœu relatif à la construction du métronome.

M. Hellouin est d'un avis contraire.

La suite de la discussion est renvoyée au lendemain.

La séance est levée à 11 h. 40.

TROISIÈME SÉANCE

SAMEDI 16 JUIN 1900

La séance est ouverte à 8 h. 45, sous la présidence de M. Vincent d'Indy.

Le Congrès reprend la discussion sur la régularisation des **appareils métronomiques.**

La motion suivante, présentée par M. Paul Séguy, est adoptée après une discussion à laquelle prennent part MM. Victor Mahillon et Gustave Lyon.

Les Congressistes insistent de toutes leurs forces auprès des fabricants pour qu'ils construisent des métronomes toujours comparables à eux-mêmes et pour que les dits métronomes soient particulièrement réglés pour obtenir avec exactitude les mouvements correspondant à 60, 80, 104, 120 par minute qui sont fréquents, et desquels tous les autres sont déductibles.

Sur la régularisation des **indications métronomiques,** M. Frémond lit la communication suivante :

Lorsqu'il y a une quinzaine d'années je me mis à étudier les questions musicales au point de vue spécial de la Réforme de la Notation, je ne tardai pas à m'apercevoir de l'anarchie qui régnait pour l'indication des mouvements, et je m'amusai même à relever ces indications dans des œuvres différentes ainsi que dans les diverses parties d'un même ouvrage, constatant que, même dans ce dernier cas, des indications identiques de mouvements correspondaient à des valeurs très différentes dans la durée du temps.

Avec la nomenclature actuellement en usage, il est très difficile de se fixer sur la valeur d'un mouvement par la simple indication de son nom, car le nombre de temps par minute qui correspond à ce nom peut varier presque du simple au double suivant les auteurs.

Pour porter remède à ces anomalies, j'ai établi depuis longtemps déjà dans les Traités relatifs à ma nouvelle Notation, une Nomenclature de Mouvements qui a l'avantage de conserver entre ceux-ci des relations aussi simples que faciles à apprécier.

Ces relations ainsi que les noms qui caractérisent les divers mouvements de ma série sont très faciles à retenir et de facile détermination, et je suis persuadé que l'adoption de cette Nomenclature de Mouvements ferait cesser l'anarchie existante et faciliterait beaucoup l'exacte interprétation des œuvres musicales.

Inutile d'ajouter que, quelle que soit la nomenclature adoptée, il est toujours préférable, pour éviter toute erreur, de faire suivre le nom du mouvement de l'indication métronomique qui lui correspond.

Ma Nomenclature de Mouvements a pour base le mouvement que j'appelle *modéré*, qui correspond à 60 temps par minute, soit 1 temps par seconde ; et les autres mouvements sont des produits de ce nombre par des nombres simples, tels que 1 1/2, 2, 2 1/2, ..., ou 1/2, 2/3, 3/4..., etc.

De plus, je divise les mouvements en deux classes : les *principaux* et les *intermédiaires*.

Les mouvements principaux sont au nombre de onze, dont voici les noms et les valeurs métronomiques :

Grave..............................	36	temps par minute.
Large..............................	40	—
Lent..............................	45	—
Majestueux..............................	52	—
Modéré..............................	60	—

Animé	75	temps par minute.
Très animé	90	—
Vif	120	—
Très vif	150	—
Rapide	180	—
Très rapide	240	—

Les mouvements intermédiaires s'intercalent entre les principaux. Ils sont au nombre de dix, dont voici les noms et les valeurs :

Très large	38	temps par minute.
Très lent	42	
Très majestueux	48	—
Très modéré	56	—
Un peu animé	67	—
Assez animé	82	—
Un peu vif	105	—
Assez vif	135	—
Un peu rapide	165	—
Assez rapide	210	—

Inutile d'ajouter que j'admets les modifications que le compositeur peut faire subir momentanément aux divers mouvements pour donner plus d'expression à certains passages.

Ainsi qu'on a pu le voir ci-dessus, les noms des mouvements sont faciles à retenir et indiquent bien leurs vitesses relatives ; de plus, leurs valeurs sont en relations simples de 1 fois, 1 fois 1/2, 2 fois..., etc.; ou de la moitié, les 2/3, les 3/4..., etc., de celle du mouvement *modéré* — (60 temps par minute), qui me sert de base.

Il est de toute évidence que la concordance de cette base avec la durée de la minute, ou 60 secondes, ce qui correspond à 1 temps par seconde, facilite beaucoup l'appréciation des divers mouvements au moyen d'une montre ordinaire à secondes, appréciation qui est mathématiquement obtenue à l'aide de mon métronome enregistreur de poche, que j'aurai l'honneur de présenter au Congrès lors de la discussion de la septième question du Programme.

M. Del Sar propose de remplacer les termes italiens par les chiffres du métronome.

MM. Schmidt et Pfeiffer défendent les termes italiens.

M. Schmidt demande de plus que les termes italiens soient toujours accompagnés des indications métronomiques.

Le vœu suivant est adopté et l'étude des moyens est renvoyée à la Commission.

Le Congrès émet le vœu que les indications métronomiques soient unifiées.

Utilité d'un appareil enregistreur des mouvements des œuvres musicales.

M. le Colonel Baudot lit son rapport sur cette question :

L'utilité d'un tel appareil est si évidente que la Commission a été unanime à en proposer l'étude. Chacun sait, en effet, combien le caractère d'une œuvre musicale change avec les mouvements adoptés dans son exécution.

L'instrument peut être conçu en vue d'un but plus ou moins complexe et élevé.

Pour les œuvres magistrales du présent, il conviendrait que les mouvements voulus par l'auteur et adoptés dans l'exécution première faite sous sa direction fussent intégralement enregistrés, mesure par mesure, avec toutes leurs variations, leurs accelerando et leurs rallentendo ; que la reproduction des traces enregistrées fût facile, afin qu'on pût les communiquer à tous les orchestres appelés à l'interprétation, et, à cet effet, que ces reproductions étant remontées sur l'appareil, celui-ci, par des tacs discrets, permît au chef d'orchestre de percevoir toutes les variations du mouvement.

Un tel appareil étant supposé réalisé, si le respect du texte original et des mouvements était de plus rigoureusement imposé, non seulement le compositeur serait assuré de son vivant de l'exécution fidèle de son œuvre, mais il le serait encore pour l'avenir. Ajoutons qu'à une époque quelconque on obtiendrait exactement l'interprétation donnée à l'œuvre lors de sa création, ce qui permettrait aux générations futures de se rendre un compte exact de l'état de l'art aux époques qui les auraient précédées.

Quant aux œuvres classiques, dont les grands Maîtres du passé ont parfois négligé de préciser les mouvements, l'instrument permettrait de recueillir les mouvements adoptés par les divers interprètes et de les comparer avec les impressions résultantes.

Si, de ce point de vue qui intéresse l'art entier, on passe à celui de l'amateur, il semble qu'en limitant les conditions à satisfaire, en demandant seulement à l'instrument de donner par une simple lecture le mouvement moyen de chaque thème, on pourrait l'établir à un prix modique. Ainsi réduit, il serait encore utile, même au compositeur, qui pourrait facilement et immédiatement consigner les mouvements moyens traduisant le mieux sa pensée et qui n'aurait plus ensuite qu'à en noter les variations accidentelles.

M. Frémond. Le métronome enregistreur de poche, dit « Métronome Frémond », remplit complètement les conditions exigées par les musiciens, car il réunit, sous une forme très réduite et très portative, les divers instruments suivants, dont le maniement est des plus simples et des plus précis :

1° Une montre ordinaire avec son cadran à heures et minutes et un cadran à secondes;

2° Une aiguille oscillante marquant aux yeux et à l'oreille les temps de la mesure suivant le mouvement indiqué;

3° Une sonnerie marquant le premier temps de chaque mesure ;

4° Un enregistreur des mouvements que l'on voit ou entend exécuter;

5° Enfin, un diapason donnant le *la* normal de 870 vibrations.

Pour faire marquer à l'aiguille oscillante un mouvement indiqué, il suffit de tourner le bouton à ce destiné, de façon que le curseur du cadran soit en face de la division indiquant le mouvement demandé, qui se trouve alors marqué très régulièrement et d'une manière très visible et très nette par les oscillations de l'aiguille, ainsi que par les bruits de tic-tac du balancier. — Rien n'est plus simple, plus régulier et plus mathématique.

Si l'on veut faire marquer plus fort les premiers temps de chaque mesure, on tourne légèrement l'autre bouton de façon à amener le deuxième curseur en face de la division indiquant la mesure demandée, et la sonnerie se fait alors entendre au premier temps de chaque mesure. — Lorsqu'on veut arrêter la sonnerie, il suffit de tourner le bouton de façon à ramener le curseur au zéro. — De ce côté encore tout est simple et précis.

Enfin, si l'on veut enregistrer un mouvement que l'on voit exécuter, il suffit d'appuyer un instant sur le levier de déclanchement du papier, qui se déroule alors régulièrement comme dans les appareils télégraphiques; puis, à chaque temps, appuyer légèrement sur la plaquette spéciale qui opère la perforation.

Comme on le voit, le maniement de mon métronome est des plus simples. De plus, il est très portatif, pouvant être construit sous forme de montre, portefeuille, ou toute autre forme appropriée.

Enfin, je ferai remarquer qu'en combinant mon enregistreur avec un phonographe, on obtiendrait l'enregistrement complet des morceaux, tant au point de vue de l'intonation qu'à celui de la mesure ; et en faisant imprimer les bandes telles que les fournit l'enregistreur on pourrait divulguer d'une façon excessivement simple les mouvements exacts qui doivent être employés à chaque instant dans l'exécution d'une œuvre musicale quelconque.

D'autre part on peut, au moyen des bandelettes enregistrées, établir des *graphiques* représentant d'une façon très simple et très exacte toutes les variations de mouvement observées dans le cours d'une exécution, graphiques qui, placés sur une portée au bas de chaque page de la partition, seraient un guide absolument sûr et infaillible pour les chefs d'orchestre et une garantie de meilleure exécution pour les auteurs d'œuvres musicales.

Des graphiques analogues pourraient d'ailleurs être établis pour représenter les diverses nuances d'intensité ou de sonorité, une seule ligne pouvant suffire pour cela.

M. Léon Roques. Mon métronome enregistreur est très simple. Il se compose d'une roue dentée enfermée entre deux cartons. Une fenêtre placée à gauche fait apparaître les nombres de 0 à 204 (nombres correspondant au métronome de Maëlzel et au métronome normal de L. Roques).

On place une montre (dite trotteuse) sur le crochet fixé, à gauche, à la partie supérieure du carton.

La roue étant à zéro, lorsque la trotteuse est à un de ses points cardinaux
H
G—|—D
B
(haut, droite, bas ou gauche) et au moment même où elle part d'un de ces points, le compositeur fredonne le motif dont il veut indiquer le mouvement exact et à chaque temps il fait tourner, de la main droite, la roue d'un cran.

Au bout d'un quart de minute (c'est-à-dire quand la trotteuse a effectué le quart de sa circonférence), il voit dans la petite fenêtre le nombre métronomique qui convient à son œuvre.

Quoique n'ayant enregistré son mouvement que pendant un quart de minute, l'instrument donne celui d'une minute entière, attendu que sur la roue les nombres vont de 4 en 4.

Il est bien entendu que le compositeur peut prendre pour unité de temps toutes les valeurs de notes, ainsi que cela se fait habituellement :

Pour les mouvements lents { 𝅘𝅥𝅯 = / ♪ =

Pour les mouvements modérés { ♩ = / ♩. =

Pour les mouvements vifs { 𝅗𝅥 = / 𝅗𝅥. =

Ce qui concerne le fonctionnement de l'instrument pourrait se passer d'explications. La vue seule du métronome enregistreur suffit pour en faire comprendre l'emploi.

Ce qu'il importe de faire remarquer, c'est que :

1° Le métronome enregistreur de L. Roques supprime l'emploi du métronome de Maëlzel, lequel, pour trouver le mouvement d'une composition, est difficile, gênant et long. On est obligé de tâtonner ; ou c'est trop vite, ou c'est trop lent et, dans cette recherche, le compositeur peut se laisser influencer par le tic-tac du métronome de Maëlzel et oublier, pour ainsi dire, le véritable mouvement de son œuvre ;

2° Quelques compositeurs se servent seulement de leur montre. Mais là, encore, ils sont obligés de compter les temps 1, 2, 3, 4, 5, 6, 7, etc., et ce compte mental est difficile à faire tout en fredonnant le motif. De plus, en ne comptant que pendant un quart de minute, il faut ensuite faire une multiplication par 4 pour avoir la minute entière ;

3° Avec mon métronome enregistreur, plus de distractions, plus d'influence étrangère ; l'œil sur la montre, le compositeur fait repasser dans sa tête, sans même le chanter, le motif de sa composition, et en trouve le vrai mouvement dans toute sa délicatesse, et cela sans fatigue en un quart de minute ;

4° Mon métronome peut et doit servir aussi à l'exécutant, au professeur et au chef d'orchestre. En effet, il est facile de comprendre que ceux-ci pourront, avant l'étude ou l'exécution d'un morceau, s'assurer qu'ils ont bien le mouvement exact du compositeur;

5° Le prix modique de cet instrument (2 fr. 50) le met à la portée de tout le monde et fera que beaucoup de compositeurs qui indiquaient leurs mouvements « de chic », c'est-à-dire souvent très inexactement, s'en serviront facilement au plus grand avantage de l'art musical.

Enfin, mon expérience de quarante années de professorat m'a donné la conviction que ces questions métronomiques doivent être simplifiées autant que possible pour avoir des chances d'être utilisées par les musiciens exécutants, assez enclins à ne s'en rapporter qu'à leur propre interprétation plutôt qu'à l'indication de l'auteur.

M. Gustave Lyon fait fonctionner l'appareil enregistreur de son invention et propose la motion suivante, qui est adoptée :

Le Congrès reconnaît l'utilité des appareils enregistreurs des mouvements des œuvres musicales.

L'examen plus approfondi des appareils enregistreurs est renvoyé à une Commission.

Simplification de la notation musicale.

M. Hellouin lit son exposé de la question :

On peut justement reprocher à notre notation usuelle d'avoir trop d'éloignement avec la logique et trop d'intimité avec la convention.

Prenant des exemples qui se présentent immédiatement à l'esprit, faut-il rappeler notamment que la complication du tracé des notes augmente à mesure que leur valeur diminue et inversement? Ainsi, la ronde n'est-elle pas ce qui s'écrit le plus vite et la quadruple croche le plus lentement, alors que c'est logiquement le contraire qui devrait avoir lieu? Ne pourrait-on pas encore réduire, dans de notables proportions, le nombre des mesures en usage?

Aussi, depuis le milieu du XVIe siècle, une quantité invraisemblable de systèmes ont été proposés pour remplacer le nôtre. Si aucun n'a réussi, les causes en sont multiples.

Certains sont saugrenus. Quelques-uns ne se prêtent pas à un emploi généralisé. D'autres offrent des complications inextricables. Beaucoup s'adressent trop à l'esprit et pas assez à l'œil. Enfin, presque tous font table rase de ce qui existe, conception insensée, car il est aujourd'hui scientifiquement démontré que, dans tous les domaines, ce qui est sort de ce qui a été, et que, par conséquent, ce qui sera sortira de ce qui est. Nous aurons tout à l'heure à revenir sur cette dernière considération.

Maintenant, il faut avouer que nous, professionnels, sommes indifférents, pour ne pas dire hostiles, à toute modification à introduire dans ce sens. Et cela est bien naturel. Comme il nous a fallu beaucoup de temps pour arriver à posséder à fond tous nos hiéroglyphes, nous sommes, à notre insu, fiers de la difficulté vaincue. Confessons donc loyalement qu'en somme, ce sentiment n'est qu'une des formes multiples de l'orgueil, et tâchons de nous en défaire.

Lire couramment l'écriture musicale est actuellement le privilège d'une minorité, alors que le contraire a lieu pour l'écriture ordinaire. Or, la lecture de la musique devrait faire partie de l'éducation primaire. Pourquoi les déshérités de l'existence continueraient-ils d'être ainsi sevrés d'une provision de bonheur qui sécherait les larmes de leur vie quotidienne?

La philosophie et les leçons du passé nous conseillent donc la conservation des grandes lignes de notre notation usuelle. D'ailleurs, rappelons que celle-ci se recommande par certains avantages incontestables, entre autres son ingénieux système de clefs, qui permet la transposition, et sa merveilleuse propriété de parler à l'œil.

Les membres d'un Congrès sont évidemment des esprits d'avant-garde, avides de progrès et audacieux. Si l'on vous proposait, Messieurs, un projet de réforme, je suis persuadé que vous l'approuveriez (1). Mais, malheureusement, tout le monde n'est pas comme nous, et il nous faut tenir compte d'une routine difficilement réductible.

Contentons-nous donc, pour le moment, de poser simplement une question de principe, dont la vulgarisation de notre art dépend : la nécessité de simplifier notre notation usuelle. Il faut que cette notion pénètre peu à peu le cerveau des musiciens et y fructifie, de façon que, dans quelques années, des résultats utiles en rayonnent.

En conséquence, j'ai l'honneur de soumettre à votre approbation le vœu suivant : Le Congrès émet le vœu que toute simplification pouvant être apportée à notre notation usuelle soit signalée à l'attention des Congrès ultérieurs.

M. Frémond. La question de la Réforme de la Notation musicale est une de celles qui pour être résolues ont besoin d'être mûrement étudiées et passées au crible de la discussion en toute connaissance de cause.

Un grand nombre de projets de réforme ont été proposés jusqu'à ce jour ; mais le monde musical ne pourra se résoudre à remplacer la notation actuelle, consacrée par une expérience de près de dix siècles, que par une notation réellement plus simple, plus pratique, et présentant toutes les garanties désirables de facile application dans tous les cas qui peuvent se présenter.

Je n'ai pas l'intention d'entrer dans des détails au sujet des divers systèmes proposés, y compris le mien, mon seul but étant d'appeler l'attention des musiciens sur une réforme qui s'impose, et qu'il est urgent d'étudier.

En conséquence, je présente au Congrès la motion suivante :

Le Congrès étant d'avis que, bien que d'apparence assez simple pour les musiciens de profession, la notation musicale actuelle présente des complications et des anomalies qui en rendent difficiles la lecture et l'écriture, et nuisent à la divulgation des études musicales, donne mission à son Bureau de former une Commission chargée d'examiner les projets qui pourraient lui être soumis et de présenter un rapport sur la question de la simplification ou de la réforme de la notation musicale, rapport dont la discussion sera mise à l'ordre du jour du prochain Congrès. La dite Commission devra comprendre quinze membres répartis comme il suit : 1 compositeur, 1 professeur de solfège, 1 professeur d'harmonie, 1 chef d'orchestre, 1 chef de musique militaire, 1 chef de musique d'harmonie civile, 1 directeur d'orphéon, 1 directeur de maîtrise, 1 organiste ou pianiste, 1 violoniste, 1 éditeur de musique, 1 facteur d'instruments de musique, 1 auteur d'ouvrage technique sur l'harmonie et l'instrumentation, 1 critique musical et 1 inspecteur de l'enseignement musical dans les écoles.

La motion de M. Frémond est adoptée.

Utilité de désigner les sons de l'échelle chromatique par des numéros.

M. Victor Mahillon donne lecture du rapport qu'il a rédigé sur cette question :

Tous ceux qui se sont occupés d'organologie, d'instrumentation ou de facture instrumentale, savent combien est grande la difficulté de déterminer d'une façon simple et précise la hauteur absolue d'un son. Nombreux sont les moyens imaginés pour tourner cette difficulté : signes, lettres, chiffres, tout a été employé. Mais ces divers indices ont l'inconvénient de différer de pays à pays, et, par conséquent, de devenir incompréhensibles hors des limites de celui où ils ont été imaginés. Dans la facture instrumentale notamment, le besoin se fait sentir d'un procédé pratique pour désigner la hauteur d'une corde, d'un tuyau ou d'une anche, ne fût-ce que pour faciliter les rapports avec la clientèle. La désignation d'une intonation quelconque exige toute une phraséologie. Le musicologue se heurte à la même difficulté, si son imprimeur ne dispose pas des signes si compliqués de la typographie musicale.

(1) Dans le *Journal musical* du 26 mars 1900, j'ai signalé une voie qui me semble être celle dans laquelle on devra s'engager.

Frappés depuis longtemps des inconvénients de cette situation, nous avons songé à prendre un point de départ fixe et définitif, invariable en un mot. Ce point de départ nous est fourni par le son le plus grave de l'échelle, limite extrême des sons perceptibles et employés dans la facture instrumentale, à savoir l'*ut* dit, en termes de facture d'orgues, de trente-deux pieds. Cette limite ne sera, en effet, jamais dépassée, attendu qu'au delà les vibrations sont trop lentes pour constituer un son. L'octave qui a pour point de départ cet *ut* de trente-deux pieds serait appelée la « première octave »; la deuxième commencerait à l'*ut* suivant, etc. Le rapport entre l'octave désignée de cette manière et le point de départ fixe proposé plus haut peut être facilement déduit par tout le monde, sans qu'aucun doute soit possible. On dirait donc que la chanterelle du violon appartient à la 6e octave, que le *la* du diapason est celui de la 5e octave, etc.

Pour plus de précision encore, nous proposons de numéroter chacun des degrés des neuf octaves et demie entrées dans la pratique de la facture instrumentale contemporaine et dont se compose la tessiture générale de l'orgue et de l'orchestre actuels. Chacun de ces sons aurait dès lors son numéro d'ordre qu'il suffirait d'indiquer pour déterminer d'une façon absolue de quelle note il s'agit : le *la* du diapason par exemple, ou *la* de la 5e octave, serait le 58e degré de l'échelle des sons.

Lors de l'Exposition universelle de Bruxelles en 1897, nous avons eu l'honneur de proposer ce système au jury d'examen de la classe des instruments de musique, jury exclusivement composé de facteurs et de musiciens ; la simplicité de ce système frappa beaucoup M. Gustave Lyon, l'éminent directeur de la maison Pleyel-Wolff, président de notre groupe, et il s'empressa de l'adopter. Depuis, ce système s'est graduellement généralisé. C'est dans l'espoir de voir adopter définitivement un principe dont l'utilité pratique me paraît incontestable, que j'ai cru devoir le soumettre au Congrès international qui se réunit aujourd'hui.

M. Frémond. L'emploi de la suite naturelle des nombres à partir de 1 pour numéroter tous les sons chromatiques de l'étendue générale peut présenter des avantages pour les facteurs d'instruments, mais non pour les autres cas où l'on a à désigner un son quelconque et surtout pour l'enseignement.

Je suis d'accord avec M. Victor Mahillon pour prendre comme point de départ l'*ut* grave de 32 pieds, base que j'ai d'ailleurs adoptée depuis plusieurs années dans mes divers traités, et je propose de désigner chaque son par son nom accompagné d'un indice indiquant l'octave à laquelle il appartient, en comptant, comme j'ai toujours fait, la première octave à partir de l'*ut* de 32 pieds.

Ainsi sol_5 indique le *sol* de la 5e octave à partir de l'*ut* de 32 vibrations, c'est-à-dire le *sol* de la 2e ligne en clef de *sol*, ou le sol_3 de la numération adoptée actuellement, dans laquelle l'*ut* de 32 vibrations est représenté par ut_{-2}.

J'ai créé une notation chiffrée qui correspond exactement à ma notation par notes, à laquelle elle sert d'auxiliaire et qui représente, par les signes suivants, les douze sons de la gamme chromatique, numérotés de 1 à 12 :

1	2	3	4	5	6	7	8	9	X	n	Z
do	do♯	ré	ré♯	mi	fa	fa♯	sol	sol♯	la	la♯	si
	ré *b*		mi *b*			sol *b*		la *b*		si *b*	

Cette notation est plus claire, plus précise et d'une application plus facile que l'ancienne notation chiffrée de Galin-Paris-Chevé. Son emploi simplifie énormément l'étude des intervalles et des accords et facilite beaucoup la détermination de leurs valeurs.

Avec cette notation, on voit qu'il suffit d'ajouter au chiffre qui représente la note un indice qui indique l'octave à laquelle elle appartient. Ainsi 8_5 représente le *sol* de la 5e octave à partir de l'*ut* grave de 32 pieds.

Ces désignations sont assurément rationnelles et pratiques. J'en propose l'adoption au Congrès.

M. Gustave Lyon propose la résolution suivante qui est adoptée :

*Le Congrès décide que les sons de l'échelle chromatique seront désignés par des numéros. L'*ut *grave de 32 pieds sera le point de départ.*

Avantages et inconvénients du tempérament au point de vue de la pratique musicale.

M. le Colonel Baudot lit son rapport sur cette question :

Le tempérament duodécimal sur lequel reposent la plupart de nos instruments a été et est encore parfois violemment attaqué.

Les critiques émanent d'autorités auxquelles l'Art n'est certainement pas étranger. Elles ont été formulées d'abord en Allemagne par Helmotz, dans un traité justement célèbre; puis en Italie, par Blazerna, dans un ouvrage technique bien connu; depuis, en France, dans diverses publications et revues périodiques.

Les principaux reproches articulés sont les suivants :

Le tempérament duodécimal égalise des intervalles essentiellement différents, en supprime les nuances et atténue les caractères distinctifs des modes et même des tonalités. Non seulement il retire aux consonnances la beauté inhérente à leur pureté naturelle, mais encore, habituant l'oreille à des intervalles inexacts, il la fausse systématiquement; assez pour que, en tant qu'instrument chargé naturellement de contrôler la direction de l'Art, elle ne puisse plus remplir ce rôle avec la compétence nécessaire.

Les détracteurs du tempérament duodécimal le regardent comme ayant fait son temps, comme entravant les progrès théoriques et pratiques, progrès qu'ils subordonnent à l'adoption d'une subdivision tempérée plus serrée de l'octave.

Ces critiques sont-elles fondées?

Si elles le sont, avant de se prononcer pour une subdivision nouvelle qui serait à étudier, il y aurait à s'assurer de la réalité des avantages qu'on en espère et à les mettre en balance avec ses inconvénients.

Peut-être enrichirait-on l'harmonie d'accords jusqu'ici inconnus, peut-être rendrait-on à la mélodie dès lors en état d'exprimer des nuances plus délicates et, par suite, plus captantes, le moyen de reconquérir l'empire qu'elle a dû céder à la symphonie mieux armée par la variété de ses timbres, l'étendue de ses instruments, sa puissante sonorité toujours croissante, tous moyens qui remplissent l'oreille, l'occupent et suppléent pour elle à la délicatesse des nuances par des impressions, plus sensorielles parfois que mentales, mais non sans charme.

Ces résultats toutefois, ne sont, en somme, qu'escomptés. Or, en admettant leur réalité, on ne les obtiendrait qu'au prix de complications considérables et d'une révolution complète, non seulement dans la théorie, mais encore dans la facture instrumentale. Pour adapter les instruments d'orchestre au nouveau système, il faudrait des études longues et coûteuses; quant aux instruments à clavier, ils cesseraient peut-être, ainsi que leurs méthodes, de se trouver à la portée de tous au grand détriment de la vulgarisation. D'ailleurs, si le tempérament actuel ne disposant que de 12 sons par octave ne permet de moduler que dans 12 tonalités, il le fait avec un minimum de moyens, minimum qui a suffi à la production de chefs-d'œuvre immortels.

Les critiques du tempérament duodécimal ayant été formulées dans divers pays, la Commission a pensé qu'il conviendrait à un Congrès international de les soumettre à son examen et de se prononcer sur la question qu'elles soulèvent.

M. Frémond. Auteur d'une notation musicale ayant pour base le Tempérament et qui s'adapte merveilleusement à ce système, simplifiant la lecture, l'écriture et les études musicales d'une façon que je puis, sans crainte d'être démenti, qualifier d'extraordinaire, j'ai été à même de recueillir les opinions d'un certain nombre de musiciens de divers pays, parmi lesquels des notabilités indiscutables, et de déduire de ces opinions que si les musiciens emploient universellement le Tempérament, il en existe cependant qui font des restrictions à son usage, ne l'employant pour ainsi dire qu'à contre-cœur.

Il m'a semblé que la réunion d'un Congrès international était une occasion dont on pouvait profiter pour connaître l'avis d'un grand nombre de musiciens éclairés qui ont à employer tous les jours le Tempérament, et qui, par conséquent, sont à même d'en apprécier les avantages ou les inconvénients ; et c'est dans ce but que je me suis adressé à la Commission d'organisation du Congrès pour lui demander d'ajouter au programme cette question qui a plus d'importance pratique qu'on ne le croit généralement.

Et j'insiste sur ce mot pratique, car c'est à ce point de vue surtout que nous devons envisager la question, les théories ne conduisant pas à grand chose, comme vous le savez, lorsqu'il s'agit de questions artistiques.

En somme, la question est de savoir si, *pratiquement*, le système du Tempérament présente de réels avantages ; et, s'il présente des inconvénients, quels sont ceux qui l'emportent, ou des avantages ou des inconvénients.

Pour ma part, je n'hésite pas à affirmer que le Tempérament possède d'immenses avantages et un seul inconvénient : celui de ne pas satisfaire d'une façon absolument parfaite les oreilles extraordinairement fines d'un nombre non moins extraordinairement réduit de personnes, musiciens consommés, dont une longue pratique musicale a affiné le sens de l'ouïe de façon à leur faire sentir des différences d'intonations extrêmement faibles, dont ne peut même pas se douter l'immense majorité de tous ceux qui pratiquent la musique.

Eh bien, oui ou non, le piano, l'orgue et autres instruments basés sur le Tempérament, et parfaitement accordés d'après ce système, satisfont-ils notre oreille ; ou bien sont-ils faux, ainsi que le prétendent les partisans de la justesse absolue ?

Dans ce dernier cas, il faudrait, à mon humble avis, les supprimer, car ils ne peuvent que fausser le sentiment artistique.

Si, au contraire, ils satisfont notre oreille, c'est qu'alors le système du Tempérament est parfaitement acceptable, et que nous pouvons, ce que j'ai déjà fait d'ailleurs, baser toute l'écriture et la théorie musicale sur ce système, arrivant ainsi à une extraordinaire simplicité.

Après quinze années d'études suivies sur ce sujet, je suis arrivé à considérer le Tempérament comme le système le plus simple et le plus pratique à tous les points de vue : notation, composition, exécution, instrumentation et facture instrumentale.

D'autre part, les oreilles les plus délicates l'acceptent sans difficulté, et les nouvelles générations ne se douteront même pas de ces différences de commas que nous voulons sentir malgré nous, car j'estime, et vous conviendrez avec moi, que le quart de ton est déjà une limite des plus difficiles à apprécier dans la pratique musicale.

Partisan convaincu du Tempérament, dont je crois avoir démontré jusqu'à l'évidence les immenses avantages dans le Résumé de mes travaux qui figure à la classe 4 de l'Exposition, j'ose espérer que vous partagerez ma conviction, et, en conséquence, j'ai l'honneur de prier Monsieur le Président de bien vouloir soumettre au Congrès le vote de la motion suivante, qui n'est pour ainsi dire que la reproduction de l'opinion émise par d'éminents musiciens dont les ouvrages font autorité :

Le Congrès est d'avis que le système du Tempérament ne présente dans la pratique musicale aucun inconvénient qui puisse en faire restreindre l'emploi, et qu'il présente au contraire, au point de vue de l'instrumentation, de grands avantages qui ne peuvent qu'en favoriser l'emploi.

Après des observations de MM. Paul Séguy, Gustave Lyon et du Rapporteur, la motion de M. Frémond est adoptée.

Emploi d'un signe distinctif, accompagnant les clefs de fa et de sol dans les partitions vocales et instrumentales, pour les parties s'entendant à l'octave.

Lecture est faite du rapport de M. Vincent d'Indy sur cette question :

La Commission m'ayant chargé de proposer au Congrès l'adoption d'un signe spécial destiné à désigner à la tablature les instruments dont le son octavie au grave ou à l'aigu, j'ai étudié les diverses propositions qui ont été, dès le XVIIIe siècle, l'objet de mémoires ou de rapports. La plus sérieuse m'a paru être celle de Grétry qui, dans ses « Essais sur la Musique », propose la clef de *sol* 2e ligne pour les dessus, violons, hautbois, flûtes, etc.; une clef de *sol* également 2e ligne, mais d'une autre forme, pour les haute-contres et les tailles, indiquant qu'elle est à l'octave basse de la précédente. Grétry la figure ainsi : 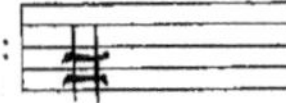

enfin, une clef de *fa* 4e ligne, également d'une forme spéciale, pour les violes (altos), indiquant que le son sort à l'octave supérieure de la clef de *fa* ordinaire ; il la figure ainsi :

Ce système, bien que plus clair que ceux employés par d'autres, notamment Moschcles, Herz, Winter, etc., me paraît pouvoir être utilement simplifié.

Je proposerais donc au Congrès deux solutions :

1° Un simple trait au-dessus ou au-dessous de la clef, selon l'acuité relative du son par rapport à la clef usuelle :

2° Un signe décoratif qui pourrait affecter la forme d'un 8, à placer au-dessus ou au-dessous de la clef; j'ajouterai que cette solution me paraîtrait préférable, en ce qu'elle rentrerait dans l'ordre d'idées qui a présidé à la transformation des trois lettres C, G et F en clefs d'*ut*, de *sol* et de *fa* :

Dans ce dernier cas, le signe pourrait être étudié par des artistes graveurs, de façon à se rapprocher des figures ci-dessous :

M. Frémond. L'écriture à l'octave des parties de petite flûte, contrebasse à cordes ou autres instruments est une convention dont on s'est contenté jusqu'à présent, et qui a pour but d'éviter l'emploi d'un nombre par trop considérable de lignes supplémentaires. Mais comme aucun signe n'indique cette transposition conventionnelle, les élèves en orchestration et les personnes peu familiarisées avec les partitions ne font pas toujours attention à cette transposition d'octave, ce qui occasionne des erreurs dans l'orchestration ou l'interprétation des œuvres musicales.

D'autre part, comme malgré cette conventionnelle transposition d'octave on est encore obligé, dans les parties des instruments indiqués ci-dessus, d'employer le signe 8va *alta* ou *bassa*, on ne peut songer à l'emploi de ce signe dans le cas qui nous occupe. — Il faut donc trouver autre chose.

Le plus simple serait de modifier la notation actuelle de façon à éviter toutes les irrégularités auxquelles donne lieu son emploi, et dont la transposition d'octave est encore la moindre ; et, qu'il me soit permis de le dire en passant, la *Notation Frémond,* qui figure à la classe 4 de l'Exposition, supprime tous ces inconvénients de l'ancienne notation, ainsi que vous pourrez vous en convaincre.

Mais, comme il est certain que la notation actuelle sera employée pendant longtemps encore, lors même qu'elle devrait céder la place à une autre, je proposerai, pour indiquer les transpositions d'octaves, d'ajouter aux clefs de *sol* ou de *fa* une flèche qui indiquerait par sa direction que tous les sons correspondants doivent être élevés ou abaissés d'une octave.

Les clefs ainsi modifiées pourraient alors avoir la forme ci-dessous :

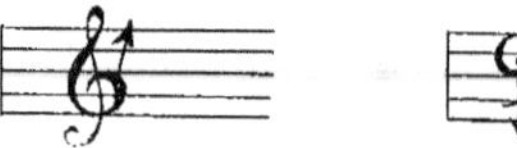

Il est évident que l'emploi de la ligne d'octave subsisterait toujours comme actuellement, et que la flèche ajoutée à la clef n'aurait d'autre but que de rappeler la transposition mentale actuelle.

On pourrait aussi, au lieu d'employer des flèches, doubler le trait du ventre de la clef, comme il est indiqué ci-dessous; mais ce procédé me paraît moins pratique que l'emploi des flèches.

M. Émile Ergo propose que l'on mette le chiffre 8 au-dessus ou au-dessous des clefs.

L'examen de ces propositions est renvoyé à une Commission.

Y a-t-il utilité à employer la note réelle dans l'écriture musicale ?

Lecture est faite du rapport que M. Vincent d'Indy a rédigé au nom de la Sous-Commission composée de MM. le Colonel Baudot, Théophile Dureau, Vincent d'Indy, Gabriel Parès :

La Sous-Commission, après délibération, a été d'avis que, non seulement il y aurait utilité, mais encore avantage à tous points de vue, car toute mesure qui tend, en art, vers la simplification, est un progrès évident.

En ce qui concerne les instrumentistes, cette innovation ne créerait dans l'enseignement qu'une légère modification des plus désirables, et elle constituerait pour les compositeurs et les lecteurs de la partition une facilité qui aurait, de plus, l'avantage d'être logique.

Si l'écriture en sons réels était adoptée, il y aurait lieu de proposer tout d'abord l'usage exclusif pour tous les instruments des deux clefs de *sol* et de *fa* que tous les exécutants sont appelés à connaître dans les cours de solfège, ce qui serait une conséquence naturelle de cette tendance vers la simplification.

Ainsi, comme application, seraient écrits en clef de *sol* : les petites flûtes, grandes flûtes, hautbois, trompettes ou cornets, violons; en clef de *sol* et clef de *fa*, suivant le degré d'acuité ou de gravité des sons : les cors anglais, clarinettes, clarinettes basses, bassons, cors (pour ceux-ci, la clef de *fa* continuant au grave l'étendue de la clef de *sol* et non octaviante), trombones, harpes, altos, violoncelles; enfin, exclusivement en clef de *fa* : les sarrusophones ou contrebassons, tubas d'orchestre, timbales, contrebasses.

Seulement, comme l'un des avantages visés par cette modification consisterait en la suppression, autant que faire se pourrait, des lignes supplémentaires trop multipliées, qui sont fort souvent une gêne dans la graphique, la Sous-Commission a pensé qu'il y aurait lieu de faire exception à l'emploi de la note réelle pour l'écriture des instruments trop graves ou trop aigus, comme la contrebasse, le sarrusophone, la petite flûte, et, conséquemment, de provoquer la recherche et l'adoption d'un signe particulier désignant les instruments dont le son octavie au grave ou à l'aigu sans transposer d'autre façon, par exemple une double clef ou tout autre signe placé sous ou sur la clef.

M. Frémond. Je crois qu'en principe la question posée sera vite résolue et que nous serons tous d'accord pour déclarer qu'il y a le plus grand intérêt à ce qu'on écrive toujours la note réelle produite par chaque instrument.

Et, en effet, n'est-il pas absurde de lire *do* et d'entendre sonner *si bémol* ou *mi bémol.*

Supposons un enfant à qui, logiquement, on a d'abord fait apprendre le solfège avant de lui faire entreprendre l'étude de tout instrument. — Cet enfant est arrivé à bien solfier et peut dire immédiatement quelle est la note qu'il entend chanter ou jouer. — Arrivé à ce point, on lui remet un instrument, un cornet à pistons en *si bémol*, par exemple, et on lui fait jouer la gamme de *do*.

Qu'arrive-t-il, alors? — Cet enfant lit *do* et d'instinct le chante mentalement. Mais voilà qu'au lieu de ce *do*, il entend le *si bémol*. Il se trouve naturellement tout dérouté, et on le serait à moins.

Comment! On l'a fait passer un an, et souvent même deux ans, pour lui faire apprendre l'intonation des notes et cela ne lui sert pour ainsi dire à rien, puisque les notes qu'il entend ne sont pas celles qu'il lit.

Et si on lui donne ensuite un instrument en *mi bémol*, en *fa*, en *ré bémol*, etc., il se trouvera chaque fois davantage dérouté et finira, comme on dit vulgairement, par y perdre son latin.

Heureux si, dans ce chaos, il peut conserver intactes les intonations réelles et vraies qu'on lui a d'abord enseignées et qu'on fait tout ensuite pour lui faire désapprendre.

Cette anomalie me rappelle un mot pour rire, cité à propos des difficultés de prononciation de la langue anglaise : « Vous lisez Manchester et vous prononcez Liverpool ! »

Eh bien ! le cas est absolument le même ici, puisque vous lisez *do* et que vous entendez *si bémol*.

Rien n'est plus barbare !

Il y a deux moyens de sortir de cette anomalie : ou bien écrire la note réellement produite par l'instrument, ce qui serait certainement beaucoup plus logique; ou, mieux encore, en construisant tous les instruments dans la tonalité de *do*, ce qui produirait le même résultat et, de plus, éviterait les nombreuses transpositions qu'exigent actuellement l'orchestration des œuvres musicales.

Des tentatives ont déjà été faites dans ce sens, et avec succès, par M. Chaussier qui nous avait fait connaître ses instruments en *ut*, à l'Exposition de 1889; mais l'auteur aura sans doute été rebuté par l'inertie et les résistances qu'il aura rencontrées et qu'il est toujours si difficile de vaincre.

A mon humble avis, c'est pourtant cette dernière solution qui devrait prévaloir, car c'est la plus pratique, puisqu'elle permet de faire donner directement par l'instrument la note qui est écrite et que, de plus, elle permet de supprimer toutes les transpositions qu'exige actuellement l'emploi des instruments dits transpositeurs, simplifiant ainsi considérablement l'écriture et surtout la lecture des partitions qui constitue actuellement un véritable casse-tête, bon tout au plus à faire blanchir, sinon tomber les cheveux de ceux qui ont le malheur, par goût ou par profession, de se livrer à ce peu agréable exercice.

D'ailleurs, pour mieux faire ressortir l'importance de cette réforme instrumentale, permettez-moi de vous rappeler ici les avantages qu'elle procure et qui ont été démontrés pratiquement par M. Chaussier :

1. L'exécutant joue toujours la note réelle comme avec le piano ou le violon, tandis qu'avec les instruments ordinaires transpositeurs, l'exécutant ne peut se rendre compte de l'intonation ;

2. Avec un instrument quelconque en *ut*, on peut exécuter, avec accompagnement de piano si on le désire, un morceau écrit pour le violon par exemple, sans être obligé d'opérer la moindre transposition ;

3. Si l'on veut réduire pour le piano une partition quelconque d'orchestre, ou bien orchestrer une partition de piano, il faut, avec les instruments actuels, opérer une série de transpositions qui n'ont rien d'agréable, tandis qu'avec les instruments en *ut*, aucune difficulté ne se présente, puisqu'aucune transposition n'est nécessaire ;

4. Avec les instruments transpositeurs on est obligé, afin d'éviter de trop grandes difficultés, de se maintenir dans certaines tonalités peu chargées d'accidents, ce qui a pour résultat général de produire des musiciens routiniers qui, étant de plus munis d'instruments incomplets, ne peuvent arriver à jouer les œuvres des grands maîtres ;

5. Pour les mêmes raisons, les compositeurs actuels ne peuvent dépasser certaines

limites assez restreintes, sous peine de voir détériorer leurs œuvres, faute de pouvoir les faire interpréter convenablement ;

6. Avec les instruments en *ut*, le solfège peut être appris en même temps que l'usage des instruments, de même que le chant peut être soutenu par un instrument quelconque exécutant la même partie, puisque celui-ci joue la note réelle ;

7. Un chœur peut être accompagné sans la moindre difficulté par un ensemble instrumental quelconque : orchestre, harmonie ou fanfare, puisque tous les instruments en *ut* jouent dans le même ton que celui indiqué pour le morceau de chant, ce qui n'existe pas avec les tonalités instrumentales actuelles ;

8. Enfin, et c'est là un point important à noter, on peut fabriquer les instruments dans le ton d'*ut*, sans altérer en aucune façon leur sonorité spéciale ou leur timbre caractéristique, ainsi que cela a été démontré pratiquement.

Comme on le voit par ces quelques explications, l'adoption de la tonalité uniforme de *do* pour tous les instruments de musique résoudrait de la manière la plus simple et la plus pratique la question soumise en ce moment au Congrès.

Je propose donc le vœu que tous les instruments soient construits dans la tonalité de *do*, ce qui permettrait de toujours écrire la note réellement produite par chaque instrument et éviterait les nombreuses transpositions qu'exige actuellement l'orchestration, transpositions qui rendent si difficiles la lecture et l'analyse des partitions modernes.

MM. Victor MAHILLON et Paul EVETTE font des réserves.

M. PFEIFFER propose un acheminement.

La résolution suivante est adoptée :

Le Congrès reconnait l'utilité de la note réelle dans l'écriture musicale.

Unification des termes employés par les compositeurs dans l'édition musicale.

Aucune communication écrite n'ayant été faite sur cette question, l'examen en est renvoyé à une Commission.

La séance est levée à midi.

QUATRIÈME SÉANCE

LUNDI 18 JUIN 1900

La séance est ouverte à 8 h. 45, sous la présidence de M. Vincent D'INDY.

Y a-t-il utilité à reconstituer les Maîtrises? Dans le cas de l'affirmative, quels sont les moyens pratiques pour parvenir à cette reconstitution ?

Lecture est faite de l'exposé de M. l'abbé CHÉRION sur cette question :

Les Maîtrises sont-elles utiles ? — Le vieux proverbe latin dit : « Fit faber fabricando », proverbe que nos devanciers ont traduit : « C'est en forgeant qu'on devient forgeron ». — Nous en pouvons faire une excellente application à l'utilité des Maîtrises. — A coup sûr, on peut apprendre, et, de fait, on apprend bien et même très bien la musique en dehors des Maîtrises; mais les Maîtrises sont, à mon avis, les meilleures écoles *pratiques* de la musique pour les enfants. Là seulement ils trouvent l'occasion d'acquérir ce sentiment de devoir et de responsabilité qui fait la règle de tout artiste consciencieux. — Que dans un cours, un exercice soit plus ou moins défectueux, cela ne tire pas à conséquence. On en est quitte pour recommencer. Mais dans une exécution à l'église, rien ne doit être laissé au hasard. La moindre négligence de la part des enfants produit l'effet le plus déplorable; l'ordre de la cérémonie en est troublé, les fidèles en sont mal impressionnés, et la majesté du culte en reçoit directement une véritable atteinte. — Leur rôle est donc un rôle sérieux, et cela les habitue de très bonne heure à avoir le sentiment de leur responsabilité, je dirais même pour quelques-uns plus délicats, le sentiment de leur dignité.

D'autre part, si leurs études sont bien dirigées, ils acquièrent rapidement le sens de la musique sérieuse. Au contact des maîtres, leur goût s'épure, leur sens esthétique se développe, leur jugement en matière musicale devient plus perspicace et plus sûr. — Tous ceux qui ont eu pendant longtemps l'occasion de s'occuper des enfants des Maîtrises, ont certainement constaté la vérité de ce que j'avance.

Mais, en dehors de ces considérations purement théoriques, les faits prouvent l'heureuse influence des Maîtrises. Il suffit à ce propos de rappeler la lettre qu'écrivit Gounod à M. Lambert Sainte-Croix, sénateur, en 1883, alors qu'on discutait l'opportunité de continuer l'allocation attribuée aux Maîtrises. Il cite les grands musiciens, compositeurs ou chanteurs, qui y ont trouvé le point de départ de leur vocation artistique.

Dans ce qui précède, il n'est tout naturellement question que des Maîtrises dignes de ce nom, de celles qui cultivent les Maîtres, de celles qui font de la musique avec probité, de celles où l'on considère la musique comme une sorte d'apostolat, comme un moyen très efficace d'élever les cœurs et les âmes. Je n'entends pas parler de celles, où, suivant le mot de Gounod, on fait du sirop de musique, où l'on chante des motets de confiseur. Celles-là, il aurait voulu, disait-il, les étrangler de ses propres mains.

Comment organiser les Maîtrises ? — Il y a pour les futurs artistes un grave défaut dans l'organisation actuelle des études. — Si un jeune homme, bien doué au point de vue artistique, fait ses études dans le but de réussir aux examens officiels, il néglige les arts, ou ne leur consacre qu'un temps insignifiant. — Si, au contraire, il veut suivre son attrait, on se contente trop souvent pour lui d'une instruction élémentaire, et on lui fait consacrer le plus clair de son temps à l'étude spéciale de son art. — Heureux s'il peut plus tard, à force d'énergie et de travail, suppléer à cette éducation tronquée.

Dans le premier cas, il reste dilettante; son éducation plus soignée lui permet de goûter le beau, d'en savourer les délicatesses, voire même d'en concevoir un idéal élevé. Il aime son art, mais il en ignore presque complètement le « métier ».

Dans le second cas, il possède à merveille ce métier, la technique n'a pour lui aucun mystère, mais les grandes envolées lui manquent. Il peut aspirer à ce beau qu'il soupçonne et qu'il devine; mais son esprit, par manque de culture, n'a pas la force de le saisir et de le fixer dans une de ces œuvres qui révèlent le grand talent. — Je ne parle évidemment pas de ces natures d'élite qui ont assez de vigueur en elles-mêmes pour remplacer par l'intuition ce que leur éducation, tantôt littéraire, tantôt artistique, a de défectueux.

A cela, quel remède? Il ne m'appartient pas de le dire. Cependant, dans leur modeste mesure, les Maîtrises peuvent au moins donner une indication.

A mon avis, une Maîtrise bien organisée doit répondre à cette double exigence : développer chez les enfants le goût de l'art par l'étude de la musique, et leur donner une solide instruction.

Pour cela : ne pas reléguer la musique au dernier plan; lui donner au contraire dans les programmes d'études une place analogue aux autres branches de l'enseignement (les Grecs le faisaient bien!); attacher autant d'importance aux devoirs de musique qu'à ceux d'histoire ou d'algèbre (pour beaucoup de jeunes gens, il sera plus utile dans la vie de savoir écrire correctement une harmonie, que d'extraire une racine cubique ou de résoudre une équation); en même temps, poursuivre un plan d'études classiques aussi complet que possible. — La question du temps soi-disant perdu par la musique n'est pas aussi grave qu'on pourrait le croire au premier abord. Comme, dans les Maîtrises, le nombre des élèves est forcément restreint, l'action du professeur se fait sentir plus efficacement sur chacun d'eux. Ce que l'on peut perdre sur la *quantité*, on le regagne par l'*intensité*.

Plusieurs Maîtrises en France réalisent ce programme. J'en puis citer entre autres deux que je connais plus particulièrement : celle de Langres, que dirige avec tant de distinction M. l'abbé Couturier, et celle de Moulins, à laquelle j'ai été attaché pendant plus de 25 ans. — Dans ces deux maisons, le développement complet de l'enseignement secondaire permet de garder les jeunes gens jusqu'à 17, 18 et 19 ans, et de leur donner une éducation musicale très appréciable.

Un autre avantage, non à dédaigner, c'est que, grâce à cette organisation, on peut aborder les grandes œuvres des anciens maîtres avec les seules ressources de la Maîtrise, et sans avoir recours aux voix de femmes. C'est ainsi qu'à Langres et à Moulins, on chante couramment le répertoire palestrinien, et avec un succès que, depuis bientôt 30 ans, les inspecteurs successivement envoyés par le Ministère des Beaux-Arts ont constamment remarqué et signalé.

Je n'ai pas à entrer dans l'examen d'un autre facteur essentiel. Et cependant! Si l'argent est le nerf de la guerre, il est aussi le nerf des œuvres de paix.

Nos maîtrises se recrutent ordinairement parmi les enfants des classes pauvres. Pour leur permettre d'achever leurs études, il faut évidemment qu'on leur vienne en aide. Grave question.

« Primum est vivere, deinde philosophari. »

Mais ce n'est pas mon affaire.

M. Wambach. Les Maîtrises en général souffrent d'une pénurie chronique. Il faudrait pouvoir compter sur la bonne volonté de la classe ouvrière, à laquelle on donnerait des cours de musique, et ainsi on formerait d'excellents chanteurs.

Il faudrait aussi que les compositeurs se missent à écrire des œuvres, — dans lesquelles ils s'éloigneraient de tout en tout de leurs œuvres libres, — dépourvues de la moindre concession au mauvais goût du public, où ils s'inspireraient premièrement et fortement de l'esprit liturgique. Ils n'ont qu'à remonter à Palestrina et son école, qui resteront toujours les plus purs joyaux de l'art chrétien.

Il faudrait encore trouver des protecteurs dans la classe riche, car il ne suffit pas de vouloir, il faut avoir les moyens.

Les Maîtrises pourraient davantage se suffire à elles-mêmes en n'employant que le chant grégorien, mais sans le moindre accompagnement, simplement en faisant soutenir les voix à l'unisson. Ce procédé est d'ailleurs logique, puisque les mélodies grégoriennes ont été écrites en un temps où l'harmonie n'existait pas.

S'il faut souhaiter que les maîtres de chapelle soient plus sévères dans le choix de leurs répertoires ; il faut donc surtout, à plusieurs points de vue, leur préconiser l'emploi du chant grégorien.

M. Guivier. Depuis dix ans que j'exerce les fonctions d'organiste et maître de chapelle, soit à Paris, soit en province, j'ai cru remarquer que la pénurie des Maîtrises vient des faibles ressources dont disposent les paroisses ou les Chapitres des Cathédrales pour les exécutions musicales. Si, d'un côté, l'on entretient dans les Conservatoires le goût de l'art musical, d'un autre côté on l'a détruit, sinon complètement, mais au moins en grande partie, en supprimant les subventions primitivement accordées aux Maîtrises.

La suppression des subventions a entraîné la diminution des membres actifs de la Maîtrise et nous, maîtres de chapelle, nous sommes absolument réduits à des exécutions lamentables.

Que l'on rétablisse donc les subventions anciennes sans esprit de parti; la musique ne doit pas entrer pour un motif quelconque dans les questions politiques.

Les rétablir, c'est rendre un service artistique avant tout, d'intérêt général et non particulier : on sait bien que des Maîtrises sont sortis des compositeurs de talent, des chanteurs éminents; bien que les élèves des Maîtrises fussent particulièrement instruits en musique religieuse, il n'en est pas moins vrai, et l'histoire est là pour le prouver, que c'était parmi eux que les théâtres lyriques se recrutaient.

Les plus grands chanteurs de notre époque, les Faure et bien d'autres, sortirent des Maîtrises.

Après une discussion à laquelle prennent part MM. Paul SÉGUY et LETOCART, le Congrès émet les vœux suivants :

Le Congrès émet le vœu que les Maîtrises soient reconstituées.

Sur les moyens pratiques de reconstitution, le vœu suivant présenté par M. le PRÉSIDENT est adopté :

Le Congrès, considérant la Maîtrise comme un des plus puissants foyers de diffusion d'art, émet le vœu que M. le Ministre veuille bien consacrer à la reconstitution des Maîtrises dans les principales Cathédrales de France les fonds qui étaient précédemment affectés à cet usage, tout en veillant à ce que l'éducation donnée aux élèves soit véritablement artistique.

M. Paul SÉGUY montre l'utilité de faire donner aux futurs élèves des Maîtrises, par des professeurs spéciaux, les principes de l'art du chant. Et, se plaçant à un point de vue exclusivement artistique, il propose le vœu suivant qui est adopté :

Le Congrès émet le vœu qu'une classe libre de musique religieuse, s'adressant surtout à la jeunesse, soit créée dans tous les Conservatoires et écoles similaires qui sont sous la dépendance des Gouvernements.

De l'utilité du développement des Sociétés orphéoniques (chorales, symphonies, harmonies, fanfares) et des moyens d'améliorer leur répertoire.

Lecture est faite des rapports de MM. Laurent DE RILLÉ et Théophile DUREAU sur cette question :

M. LAURENT DE RILLÉ. Les Sociétés populaires connues sous le nom d'Orphéons ne datent que du second tiers de ce siècle, et déjà elles sont extrêmement nombreuses ; on les rencontre jusque dans des villages qui semblent n'offrir aucunes ressources musicales.

Quelques-unes de ces Sociétés sont arrivées à traduire d'une manière véritablement artistique des chœurs extrêmement difficiles et spécialement composés pour elles.

Mais ce n'est pas à cause de leur nombre, ce n'est pas à cause de la virtuosité de quelques-unes d'entre elles que les Sociétés chorales sont intéressantes et méritent d'être encouragées.

C'est surtout parce qu'elles offrent aux travailleurs des campagnes et des villes, loin du cabaret et du café-concert, une distraction, une récréation saine et réconfortante, un plaisir qui est encore un travail et qui ne saurait amollir les laborieux.

C'est parce que, avec leur organisation de répétitions et de cotisations régulières, de membres actifs et de membres honoraires, elles introduisent dans le peuple des habitudes d'ordre, d'économie, de sociabilité, de solidarité, et qu'elles tendent à rapprocher des hommes que séparent leur éducation, leurs occupations et leur situation.

L'Orphéon est une œuvre sociale, et Victor Duruy, le jugeant à ce point de vue, n'a pas craint d'écrire : « L'Orphéon est une des grandes œuvres de ce siècle. »

M. DUREAU. Le nombre des Sociétés orphéoniques symphoniques est beaucoup plus restreint que celui des Harmonies et Fanfares. Mais il en est qui ont prouvé récemment que la constitution de cette catégorie de Sociétés orphéoniques méritait d'être signalée au Congrès international de Musique.

Les résultats obtenus en France par les Sociétés symphoniques de Valence, Avignon, Saint-Étienne, font souhaiter que l'exemple soit suivi.

Si l'on se place au point de vue de l'art musical dans ses plus hautes manifestations, il est permis de croire que les Harmonies et Fanfares, telles qu'elles sont constituées, atteindraient difficilement un idéal aussi élevé. Leur rôle, d'ailleurs, est plus modeste.

Mais, il serait injuste de nier qu'à notre époque elles ont donné un essor considérable à la propagation des œuvres de nos plus grands maîtres, lesquelles, sans la courageuse initiative des artistes placés à leur tête, resteraient pour longtemps encore ignorées du grand public.

On sait aussi que leur emploi ajoute un intérêt puissant à l'audition des œuvres écrites spécialement en vue des grandes masses chorales et instrumentales.

Sans doute, on peut regretter que le répertoire en usage dans un grand nombre de ces Sociétés soit insuffisant et même banal, pour ne pas dire plus ; mais non, toutefois, sans affirmer qu'il y aurait là un réel service à rendre à la cause de la Musique populaire, en étudiant les moyens les plus propres à en relever le niveau musical par l'exécution fréquente d'œuvres plus fortes et d'une valeur artistique reconnue.

Sur ce point, on peut être convaincu que si, avec l'appui officiel des Pouvoirs publics, nos compositeurs modernes consentaient à les guider dans cette voie, on les verrait bientôt se transformer.

Le premier Congrès international de Musique aura prouvé que tous les maîtres ne se désintéressent pas de la question orphéonique. L'un d'entre eux, membre du Congrès, aura par ses travaux sur les questions XI et VIII, contribué, par les moyens pratiques qu'il a exposés, au développement normal de nos institutions orphéoniques ; au surplus, sa haute compétence donne l'autorité aux rapports, très clairs et très lumineux, dont il a doté ce Congrès : un grand pas aura été fait, en ce qui concerne le présent sujet, par la collaboration précieuse de M. Vincent d'Indy.

Les membres du Congrès, appelés à se prononcer sur l'opportunité des améliorations proposées, en ont reconnu l'importance. Leur avis personnel sur la question XII du programme, précieusement recueilli au cours de la discussion, donnera une sanction nouvelle aux conclusions adoptées à l'Assemblée générale.

Il faut d'abord l'appui officiel : par exemple des subventions et des tournées d'inspecteurs détachés du Conservatoire. A la tête de chaque musique, il faudrait un homme compétent. N'y aurait-il pas lieu, en outre, d'instituer des concours pour des diplômes gradués, suivant l'importance des Sociétés ?

M. Boutin. Les Sociétés orphéoniques, en répandant le goût de la musique dans les classes populaires, ont certainement une grande influence artistique et morale.

Cette influence a pour causes : pour les uns, le goût de la musique elle-même; pour les autres, les bonnes fréquentations et les distractions que procurent les Sociétés musicales.

Le nombre de ces Sociétés et leur importance, le succès des festivals et des concours de musique, suffisent à prouver la faveur dont jouit la musique et son action bienfaisante.

Le développement d'une organisation reconnue bonne doit, à notre avis, réunir les suffrages des artistes et des éducateurs.

Nous appelons votre bienveillante attention sur les moyens de développer et d'améliorer les Sociétés musicales, que nous allons avoir l'honneur de vous soumettre.

La pierre d'achoppement qui empêche le plus souvent les Sociétés de réussir : « c'est la préparation ». Si l'on remarque peu de progrès dans le développement et les résultats des Sociétés musicales, nous pouvons, sans hésiter, en attribuer la cause à l'incapacité des exécutants.

Il y a une constatation à faire, que tous les chefs de Sociétés approuveront, car ils en sont les principales victimes, c'est que : « trop d'orphéonistes ignorent les éléments du solfège et trop d'instrumentistes ne connaissent qu'imparfaitement les premiers principes de leur instrument.

Nous pensons donc que, pour développer les Sociétés, il faut se préoccuper avant tout de perfectionner l'instruction musicale qui en est la partie fondamentale, en un mot, de former des musiciens.

Aujourd'hui que la musique fait partie des programmes d'éducation dans toutes les classes de la société, il y a lieu de rechercher les moyens d'entretenir les connaissances musicales acquises à l'école primaire et de profiter des dispositions naturelles de l'enfant.

Les premières notions de solfège enseignées aux élèves des écoles primaires sont, certes, une bonne semence; mais improductive si on ne continue pas à lui prodiguer des soins intelligents.

A la sortie de l'école, l'enfant dont la voix mue est obligé, s'il n'est instrumentiste, de négliger la musique qu'il ne tarde pas à oublier. Plus tard, s'il désire fréquenter les Sociétés musicales, il doit recommencer toute son instruction. Alors, s'il veut apprendre un instrument, ses occupations ne lui laissant que peu de temps à consacrer à l'étude, il restera toujours un instrumentiste imparfait et ne trouvera dans la fréquentation des Sociétés qu'une médiocre satisfaction, ses moyens ne répondant pas à ses goûts. Souvent, il abandonne la musique pour rechercher d'autres distractions plus faciles.

Il serait donc très important de développer graduellement et de diriger le goût des adultes, de leur donner les moyens d'exécuter convenablement la musique sans les contraindre à négliger leurs travaux journaliers au profit d'un art d'agrément.

Le violon enseigné aux enfants permettrait d'atteindre ce but.

Le violon est l'instrument le moins coûteux, il convient à tous les âges et à toutes les situations; il peut s'apprendre sans trop de difficultés, si l'on n'aspire pas à la virtuosité et les enfants l'apprennent avec une aisance remarquable.

L'enseignement du violon peut être simultané et se faire concurremment avec l'étude du solfège.

L'expérience tentée dans les cours de l'Association des Instituteurs et du Patronage Musical, fondé par M. le commandant en retraite Waldteufel, a donné des résultats autorisant à affirmer que la généralisation de l'étude du violon est possible dans les classes populaires et qu'il suffit pour sa réussite, d'un enseignement méthodique, bien gradué et réglementé. Ces résultats sont des exécutions en public par des groupes de 40 à 100 élèves âgés de 10 à 19 ans, appartenant au même cours, de morceaux à une, deux et trois parties.

Nous avons fait cette observation que le goût de l'enfant se manifeste dès qu'il est apte à jouer l'air le plus simple. — Qui sait peu, veut savoir davantage. — Quelques auditions, le désir de parvenir aux cours plus élevés sont autant de stimulants qui assurent des progrès, garantissent la fréquentation des cours, leur bonne tenue et la persévérance des élèves.

De tous côtés se créent des Associations d'anciens élèves, des Patronages, des Sociétés d'éducation, dans lesquels la musique joue un très grand rôle.

La musique ne fait-elle pas partie de tous les programmes de fêtes, de réunions de famille ? N'y tient-elle pas souvent la place prépondérante ?

Dans ces Sociétés, les cours de musique sont en général très fréquentés et le succès des cours de violon nous fait dire que la vulgarisation de cet instrument répondrait à un véritable besoin de l'éducation moderne et que ces cours, bien dirigés, aideraient puissamment au développement futur des Sociétés musicales.

Par un programme gradué et très limité pour chaque division, on arriverait à conduire les enfants lentement et sans efforts à une connaissance assez approfondie du violon et de la musique pour qu'à l'âge d'adulte ils soient en état de fournir des exécutants capables aux Sociétés symphoniques et aux Sociétés chorales.

D'autre part, les jeunes gens violonistes, désireux d'apprendre un instrument à vent, auront toutes facilités pour le faire et pourront assurer un bon recrutement pour les musiques militaires, harmonies ou fanfares.

En vous soumettant cette étude, croyez, Messieurs, qu'avec l'espoir de voir se propager l'enseignement du violon, nous avons aussi la certitude que la création de cours gratuits de violon dans tous les Patronages et Sociétés d'éducation ouvrirait un grand débouché aux professeurs, leur donnant l'occasion d'étendre leurs relations en participant au développement du goût et au progrès de l'art musical dans les classes populaires.

M. Wilhelm Grimm. Cette question comprend l'exécution des œuvres musicales et les aptitudes techniques des Sociétés de chant en vue de ce but.

Ma réponse à cette question est la suivante :

Formation d'une disposition internationale de syllabes pour l'éducation de la voix. Les sons et les syllabes de toutes les langues fournissent pour cela le matériel nécessaire. On en voit un exemple dans les systèmes employés jusqu'à présent :

Solmisation : *ut* (do), *ré mi fa sol la si do.*
Bocedisation : *bo ce di ga lo ma ni.*
Damenisation : *da me ni po tu la be.*

Chacune de ces syllabes commence par un consonne simple.

La Phonétique actuelle de toutes les langues en usage exige que la Solmisation, Bocedisation, Damenisation avec des sons consonnants simples soit suivie d'une Solmisation, Bocedisation, Damenisation avec des sons consonnants doubles.

Démonstration. — Le mot grec « Pneuma » a la tenuis « p », prononcée d'une voix ferme, et la résonnante nasale « n », d'une voix douce; les deux, en formant un son consonnant double, augmentent la concentration de la colonne d'air vibrante d'une façon évidente et sensible.

Chaque dictionnaire renferme un choix nombreux de mots à consonnances doubles, formés d'après les lois de la concentration des sons. D'après ces lois, les consonnances simples de la solmisation s'unissent à des consonnances doubles; je citerai simplement les syllabes de la bocedisation transformées : *blo, cwe, dri, gna, flo, schma, kni.*

Des mots allemands avec des sons consonnants simples et doubles, à la fois faciles à prononcer et à chanter, se trouvent comme exemple pratique dans un petit « chant du matin dans la solitude de la forêt » de Scheffel.

J'attire votre attention sur ma proposition, destinée à faciliter l'instruction des Sociétés de chant et l'éducation musicale du peuple.

M. F.-R. Robert. Le programme du Congrès, arrêté par la Commission d'organisation, contient déjà un certain nombre de questions; cependant nous en avons soumis une nouvelle, dans les délais voulus, à M. Baudouin La Londre, notre aimable et dévoué Secrétaire général, qui nous a prié de développer les conclusions; aussi, espérons-nous que vous voudrez bien faire à notre vœu les honneurs de la discussion.

La proposition que nous allons vous soumettre et que vous nous permettrez de développer devant vous, est relative à la nécessité des connaissances musicales que doivent posséder les professeurs de musique et à la manière dont on enseigne la musique en général; il s'agit, bien entendu, de l'enseignement donné en dehors du Conservatoire de musique de Paris, des succursales de la province, des écoles, lycées et collèges, auxquels sont attachés des professeurs spéciaux et diplômés.

Il s'agit, en conséquence, de la défense des intérêts professionnels de l'art musical et de ceux des élèves.

Nous espérons donc que vous voudrez bien nous accorder quelques instants d'attention dont nous n'abuserons pas, du reste, pour vous exposer aussi clairement que possible l'objet de notre proposition.

Tout d'abord, nous n'hésitons pas à vous affirmer que des raisons d'intérêt social et d'ordre purement musical militent sérieusement en sa faveur; elle intéresse au plus haut point l'avenir des jeunes artistes et des professeurs; l'une d'elles, entre autres, et non la moins importante, est, certes, la concurrence absolument abusive faite par un grand nombre d'amateurs aux artistes consciencieux qui, eux, ne peuvent vivre que de leur art.

Un autre inconvénient très grave, au double point de vue de l'enseignement et des élèves, c'est que la plus grande partie de ces amateurs, pour ne pas dire *tous*, qui s'intitulent pompeusement « professeurs de musique », ignorent complètement les notions les plus élémentaires de cet art.

Ces amateurs professent donc au grand détriment des élèves et de l'art lui-même. C'est ce que nous appellerons les parasites de la musique, et ce ne sont pas les moins dangereux.

Nous parlons surtout ici pour la province, quoique Paris lui-même n'en soit pas exempt, tant s'en faut, mais pour être moins apparent, le mal ne fait pas moins de ravages. Il faut avouer aussi que cette insouciance, cette incurie dans le choix du professeur, proviennent souvent des parents, chez lesquels subsiste un malencontreux préjugé : « Pour eux, la musique étant un art d'agrément, l'on en saura toujours assez, et pour le jeune enfant qui débute, un professeur médiocre, comme l'instrument d'étude lui-même, sont toujours assez bons. »

Ils ne se rendent pas compte que l'enfant, ainsi mal dirigé dès le début, prend de mauvaises habitudes pendant plusieurs années; ensuite, combien de travail et de peine, non seulement pour l'élève, mais pour le nouveau professeur capable qui doit lui faire perdre les habitudes détestables ainsi contractées pendant longtemps !

Voilà, Messieurs, résumés en quelques lignes, les inconvénients qui s'appliquent spécialement aux élèves ; nous allons, maintenant, passer en revue ceux inhérents aux professeurs munis de titres sérieux attestant de leurs capacités.

Nous devons vous dire de suite que l'idée de cette proposition nous est venue en songeant aux difficultés chaque jour croissantes de l'existence au point de vue matériel ; c'est donc une œuvre de défense sociale à laquelle nous convions tous les artistes musiciens ; or, c'est également cette pensée qui nous fait agir pour barrer la route aux ignorants, aux incapables qui sont légion en France, vous ne l'ignorez pas, et qui professent au détriment de l'art musical ; de plus, ils causent un préjudice considérable aux véritables artistes.

Nous allons vous mettre sous les yeux un exemple frappant de ce que nous avançons. Dans certaines villes de France, pour ne pas dire toutes, on compte généralement un grand nombre de professeurs de musique, ou du moins intitulés tels. Nous vous citerons par exemple telle ville de 18 à 20,000 habitants, où ces soi-disant professeurs se chiffrent par cinquante environ.

Sur ce nombre, on en trouve quelquefois deux ou trois pourvus de titres, universitaires ou autres, le reste ne peut justifier d'aucun titre, ce sont tous des amateurs, pour la plupart employés de manufactures de l'Etat, de mairie, de banque ou de toute autre administration publique ou privée.

Ces messieurs ont généralement des appointements fixes, variant de 2 à 4 et souvent 6,000 francs par an ; de plus, ils ont une retraite assurée après un nombre d'années déterminé de service ; comme ils ont toujours beaucoup de temps libre, la journée de certains d'entre eux finissant à 5 ou 6 heures, ceux qui sont jeunes en profitent pour prendre quelques leçons d'un instrument de leur choix, puis, se croyant suffisamment forts, ils s'improvisent tout naturellement professeurs de musique : aussi n'est-il pas rare de constater que certains de ceux-là sont incapables de jouer eux-mêmes la moindre gamme sur l'instrument qu'ils enseignent ; nous avons même connu un professeur de trombone ignorant jusqu'au ton de son instrument, et ce que nous avançons est absolument authentique. N'est-il pas pénible de penser que des jeunes élèves sont confiés à de tels ignorants ?

Nous pouvons vous citer un chef-lieu de département où se trouvent douze à quinze établissements, laïques, religieux ou privés, pour les deux sexes, sans compter les écoles communales : toutes ces institutions, à part les écoles normales, sont fréquentées par des professeurs n'ayant aucun titre et pris au hasard, suivant le bon plaisir des parents ou sur les indications de telle ou telle personne, sans s'inquiéter des capacités du sujet.

Soyez persuadés que tout ce que nous venons de vous énumérer n'existe pas seulement dans quelques villes, mais partout en France, depuis la plus petite bourgade jusqu'à la sous-préfecture, le chef-lieu de département et Paris lui-même.

C'est donc à cet état de choses qu'il faut remédier sans retard, en introduisant auprès des législateurs une demande d'interdiction formelle de professer la musique à toute personne non munie d'un diplôme, certificat ou tout autre titre donnant de sérieuses garanties.

Mais quels sont les moyens à employer pour arriver à un résultat satisfaisant ? Telle est la question que nous nous proposons de vous soumettre, en vous priant de vouloir bien nous aider à triompher, ou tout au moins à réaliser un sensible progrès.

Il serait véritablement heureux pour nous tous, Messieurs, de voir, à l'aurore du XXe siècle, cette proposition entrer dans une voie sérieuse qui serait l'acheminement vers le but que nous désirons atteindre.

Nous ne sommes pas les premiers qui avons constaté le mal, mais aujourd'hui nous voulons mettre le doigt sur la plaie afin que chacun puisse se rendre compte de la situation pénible faite par un trop grand nombre de ces ignorants aux véritables artistes, amis de leur art.

Nous avons pensé que le premier Congrès international de musique ne pourrait laisser passer sous silence une question aussi intéressante et que c'était aux premiers lésés à faire entendre leur voix, persuadés que nos législateurs voudront bien écouter leurs doléances et concourir à la sauvegarde de leurs intérêts menacés.

Qu'il nous soit permis d'ouvrir ici une parenthèse qui a son importance et qui répondra à une objection qui pourrait nous être adressée.

Loin de nous, Messieurs, la pensée d'entraver ou même de critiquer ces jeunes gens, ces hommes employés ou ouvriers qui, souvent, consacrent, après une journée de labeur, quelques heures prises sur le repos à l'étude de la musique; au contraire, nous ne pouvons que les féliciter et nous voudrions voir toutes les municipalités les encourager et les aider pécuniairement dans la plus large mesure possible.

Ce sont eux qui concourent à la formation et à la vitalité de toutes nos Sociétés musicales, qu'elles s'appellent chorales, fanfares, harmonies ou philharmoniques, et parmi elles combien de villes de France sont fières, et à bon droit, de leurs Sociétés, formées d'excellents instrumentistes au nombre desquels figurent souvent de véritables artistes, dirigés par des chefs éminents !

Malheureusement, c'est là une exception, et combien de fois, dans certains concours de musique, avez-vous pu juger vous-mêmes du peu de connaissances musicales de ces Sociétés !

Notre proposition, au contraire, si elle était prise en sérieuse considération, au lieu d'être un obstacle au recrutement des éléments nécessaires à la formation de ces Sociétés, serait un moyen de former de bons élèves possédant au moins les connaissances élémentaires du solfège, des notions précises de leur instrument et nous entendrions bientôt ces mêmes Sociétés, formées de cette jeune génération élevée à une nouvelle école, exécuter, nous dirons plus, interpréter proprement les morceaux qui leur seraient confiés.

Nous arrivons maintenant aux moyens propres à remédier à l'état de choses fâcheux que nous venons de signaler à votre bienveillante attention.

Les seules, les véritables garanties à peu près sérieuses, ce nous semble, que l'on puisse exiger de ceux qui veulent enseigner consciencieusement la musique en général, seraient les suivantes, sous formes de lois élaborées par une commission spéciale composée d'hommes compétents, qui étudieraient la question au point de vue théorique et pratique et qui soumettraient ensuite leurs projets à qui de droit.

C'est sous toute réserve que nous allons vous indiquer quelques idées, comme simples jalons dans cette voie :

A l'avenir, nul ne pourra enseigner la musique et prendre le titre de professeur de musique, si ce n'est :

1. — Les anciens élèves du Conservatoire de Paris ou des succursales de province, qui justifieraient de titres sérieux prouvant qu'ils ont suivi les cours régulièrement.

2. — Les professeurs pourvus de l'un des certificats d'aptitude à l'enseignement de la musique, soit celui de l'Université, soit celui de la Ville de Paris.

3. — Les professeurs sortis de l'Ecole de musique religieuse.

4. — Les compositeurs membres de la Société des Auteurs et Compositeurs de Musique.

5. — Les chefs, sous-chefs ou anciens chefs et sous-chefs de musique de l'armée.

Aux cinq catégories qui précèdent, sans compter celles que nous oublions, nous proposons la création d'une sixième, c'est-à-dire celle d'un brevet élémentaire de musique, correspondant au brevet simple de l'enseignement primaire, dont le programme projeté serait approximativement le suivant :

1° Une épreuve de solfège ;
2° Une dictée musicale, vocalisée de deux en deux mesures ;
3° Une épreuve sur l'instrument désigné par le candidat ;
4° Une épreuve d'harmonie (basse et chant).

Tous ceux qui professent actuellement la musique sans y être autorisés par un des titres énumérés plus haut seraient tenus de passer l'examen, au moins élémentaire, dans un délai de deux années à partir de la promulgation de la loi.

Cet examen permettrait de former et de recruter de bons chefs de musique, il fournirait de bons professeurs pour les petites localités, sous-préfectures, chefs-lieux de canton, qui en manquent souvent. Pour les villages, il serait un appoint sérieux dont les instituteurs et institutrices profiteraient en obtenant des municipalités une subvention qui leur permettrait de faire des cours de musique aux enfants des villages.

L'instituteur serait tout indiqué comme chef dans les communes où il existe une Société de musique et il en fonderait dans celles où il n'y en a pas.

Nous n'abuserons pas plus longtemps, Messieurs, de votre bienveillante attention et nous espérons que vous voudrez bien nommer une Commission spéciale chargée d'étudier très attentivement l'idée que nous venons de vous soumettre en termes forcément écourtés.

Nous serions très heureux de voir tous les membres du Congrès s'unir dans une pensée commune pour former une espèce de Syndicat de protection professionnelle et remettre sous peu au Corps législatif un rapport documenté et pressant sur cette question vitale.

M. Souchon conseille de faire des réformes sans recourir à l'État.

M. Schmidt n'est pas de cet avis.

M. Hellouin dit que par un groupement réel les musiciens auront le pouvoir nécessaire pour défendre leurs intérêts.

M. Baudouin La Londre estime que le 1er Congrès international de Musique aura été le point de départ de ce groupement nécessaire des musiciens.

M. Pfeiffer souhaite que ce groupement soit institué de telle sorte qu'il jouisse des avantages des associations de peintres qui obtiennent d'une façon régulière les faveurs de l'État et son appui.

M. Frémond approuve la garantie des diplômes.

M. Simonot craint qu'en exigeant trop des directeurs de Sociétés, on ne nuise au développement des Sociétés populaires.

M. Paul Séguy propose la résolution suivante qui est rejetée : « Le Congrès, considérant la nécessité d'améliorer la valeur musicale des Sociétés civiles, demande la constitution d'un groupe musical qui s'intéresserait aux travaux d'ensemble des Sociétés, nommerait des inspecteurs et donnerait sur demande des diplômes d'aptitude à diriger une Société musicale.

M. Souchon présente la résolution suivante qui est adoptée :

Le Congrès reconnait qu'il est nécessaire d'améliorer les Sociétés musicales et le recrutement de leurs directeurs.

L'étude des voies et moyens est renvoyée à une Commission.

Une discussion s'engage ensuite sur la constitution des **Commissions** prévues par le Congrès au cours de ses séances.

Suivant la proposition de M. Gabriel Lefeuve, le Congrès procède à l'élection d'une seule Commission de douze membres, choisis dans son sein, **pour la continuation de son œuvre,** ainsi que pour l'étude des questions maintenues à l'ordre du jour et destinées à être présentées au prochain Congrès. Cette Commission disposera du reliquat des fonds pour couvrir les frais de publications ou tous autres moyens de propagande et d'action. Elle aura qualité pour constituer les Commissions spéciales prévues par le Congrès, en faisant appel aux Comités d'études déjà constitués ou à telles personnalités qu'elle jugera compétentes et pour adopter des Rapports sur les sujets signalés dans les procès-verbaux du Congrès.

Cette Commission est ainsi composée : MM. Vincent d'Indy, Théophile Dureau, Gustave Lyon, Jules Schmidt, Georges Pfeiffer, Eugène d'Eichthal, Paul Séguy, Baudouin La Londre, Lieutenant-Colonel Baudot, F.-R. Robert, Gabriel Lefeuve, Frédéric Hellouin.

La séance est levée à midi.

CINQUIÈME SÉANCE

LUNDI 18 JUIN 1900

La séance est ouverte à 2 h. 25, sous la présidence de M. Vincent d'Indy, qui cède, à 4 heures, la présidence à M. Théophile Dureau.

Lecture est faite des travaux sur des questions non mises à l'ordre du jour dans le Programme de la Session.

M. Émile Ergo expose une Réforme de l'enseignement et de la science de l'**Harmonie**, suivant le système des « Fonctions tonales » du Dr Hugo Riemann.

Une indication des accords qui, par « un seul signe », indique d'une façon très claire, non seulement l'accord, mais encore « sa fonction tonale dans la phrase harmonique », doit certes être une œuvre de génie, et qui, sans doute, mérite l'intérêt de tous les musiciens.

Une science digne de ce nom, doit être simple et claire dans ses « principes » ; logique dans ses conséquences. On verra à quel point ce système y répond.

T, D, S, c'est-à-dire les trois initiales du nom (1) qu'on a donné aux harmonies fondamentales du ton :

Ex. 1. { *T* (onique)
D (ominante)
S (ous-dominante)

voilà ce qui constitue la base de ce système. Tous les accords, du plus simple au plus compliqué, s'expliquent et se laissent indiquer (chiffrer) par ces *T, D* et *S*.

Chacune de ces trois lettres indique la « tri-unité » de l'accord :

Ex. 2.

		T				
		1	3	5		
fa	*la*	*ut*	*mi*	*sol*	*si*	*ré*
1	3	5		1	3	5
	S				*D*	

Les notes fondamentales (primes) de ces trois accords : *fa* (S), *ut* (T) et *sol* (D), forment les 3 premiers termes du « cercle des quintes ». Celui-ci, lu de droite à gauche (←), nous donne l'ordre des bémols, de gauche à droite (→) celui des dièses :

Ex. 3.

	→							
(Ordre des dièses)	1	2	3	4	5	6	7	
	fa	*ut*	*sol*	*ré*	*la*	*mi*	*si*	
	7	6	5	4	3	2	1	(Ordre des bémols)
	←							

A ce point de vue, il y a une économie à constater, et la logique y gagne en même temps. Le cercle de quartes (en montant) pour les bémols, généralement employé, devient donc inutile.

(1) Depuis et de par J.-Ph. Rameau, universellement connu.

Cette simplification logique apporte d'autres avantages. Supposons que chaque terme de ce cercle soit la note fondamentale (principale) d'un accord dit majeur ; le tableau suivant (ex. 4) fournit alors un tracé intuitif et très clair pour les modulations simples et très fréquentes, vers la quinte à droite (D) ou à gauche (S) de la T(onique), c'est-à-dire du centre tonal.

Ex. 4.

		c)				
		S	*T*	*D*		
	a)				*e)*	
S	*T*	*D*		*S*	*T*	*D*
fa	*ut*	*sol*	*ré*	*la*	*mi*	*si*
	S	*T*	*D*			
	b)					
			S	*T*	*D*	
				d)		

Pour les ex. 7 et 8, ce tableau viendra à propos. Supposons aussi que chaque note de ce cercle soit bémolisée (ou diésée), les proportions harmoniques restent toujours (1) telles qu'on les voit à l'ex. 4.

Ex. 5.

			c)			
		S	*T*	*D*		
	e)				*a)*	
S	*T*	*D*		*S*	*T*	*D*
fa-bém.	*ut*-bém.	*sol*-bém.	*ré*-bém.	*la*-bém.	*mi*-bém.	*si*-bém.
			S	*T*	*D*	
					b)	
	S	*T*	*D*			
		d)				

Non seulement la belle découverte du renversement des accords, mais encore tous les autres traits de génie (2) de l'illustre musicien Rameau, dont la France s'enorgueillit à juste titre, sont développés dans ce système, avec toutes leurs conséquences logiques.

La justesse des vues de Rameau exige logiquement (en matière de renversement) que chaque note de l'accord conserve son caractère fondamental ; c'est-à-dire la prime reste prime, n'importe où elle se trouve : en bas, en haut ou au milieu. Il en est de même pour tout « intervalle harmonique » fondamental (voir ex. 6) :

Ex. 6.

Il ressort clairement de tout cela, qu'au besoin et à volonté, on indique soit à la partie de soprano, ou de basse (ou bien aux deux à la fois) quel intervalle on veut. Le chiffrage de l'exemple 13 (avec sa réalisation à l'ex. 14) le prouvera.

(1) L'ordre par *a*, *b*, *c*, *d*, *e*, de l'ex. 5, sera compris en voyant l'ex. 3 au ←.

(2) Entre autres : son accord de la sixte ajoutée.

A l'exemple (n° 7) de Beethoven — sonate pour piano, op. 28 [1re partie], mesure 39 à 47 — on verra ce que valent les signes *T*, *D*, *S*, pour la modulation. En même temps cet exemple met en lumière l'accord de la « sixte ajoutée », de Rameau, resté incompris de tous, et que finalement Riemann a exposé dans toute sa clarté logique. En somme, cet accord n'est rien que celui de la *S*, à laquelle on ajoute la sixte (*fa* — *la* — *ut* | *ré* / 1 3 5 6)

Ex. 7.

La « sixte majeure ajoutée » à la *T*, transforme donc celle-ci en *S* du ton nouveau ; tout aussi bien que la « septième (mineure) ajoutée » à la *T*, imprime à celle-ci le caractère de la *D* du ton nouveau. Ce changement de fonction tonale est indiqué par les traits d'égalité (=) :

Ex. 8. *a*)

T *D* | *T* ..7 = *D7* | *T* (*sol*)
(*ré*)

b)

T *D* | *T* ..6 = *S*6 | *T* (*la*)
(*ré*)

En consultant le tableau de l'ex. 4, on verra que 8*a* module du groupe 4*c*) vers celui de *b*), et que 8*b*) passe du plan 4*c*) à celui de *d*).

Les deux dissonances dont il est parlé (la septième et la sixte), forment ce qu'on appelle les dissonances caractéristiques :

Ex. 9. *D* 7 et *S* 6

(« dissonances caractéristiques » et spécialement « tonales ».)

Aucune de ces deux (ni 6 ni 7) ne change le vrai caractère de leur accord respectif ; au contraire, par elles ce caractère est considérablement accentué.

La puissance modulatrice de la *D* 7 est trop connue pour s'y arrêter ; mais il faut observer que tous les grands maîtres ont inconsciemment senti celle de la *S*6. Comme preuve : l'ex. 7, qu'il serait facile de multiplier, s'il ne fallait se limiter ici.

Le signe distinctif pour mineur est un petit zéro à gauche (ex. 10). Une croix est celui du majeur, qui est toujours sous-entendu s'il n'y a ni + ni ° (voir 10 *b*).

Ex. 10.

a) *T*+ *D*+ *S*+ ; *b*) *T* *D* *S* ; *c*) °*T* °*D* °*S*

(accords majeurs) (accords mineurs)

d) $\overset{1}{\underset{3}{T}}$ $\underset{3}{D}$ | *T* $\overset{3}{\underset{5}{..}}$ | $\underset{3}{S}$ $\overset{3}{..}$ | *T* ||

(succession *d'accords majeurs*)

e) °*T* $\overset{\text{III}}{\underset{\text{V}}{S}}$ | $\underset{\text{III}}{T}$ $\overset{\text{III}}{..}$ ||

(succession *d'accords mineurs*)

Les exemples 10 *d* et *e*) démontrent que les deux tonalités, ou plutôt les accords majeurs et mineurs, emploient les chiffres arabes (pour majeur) et les chiffres romains (pour mineur). Le caractère différent de ces chiffres faisant ressortir très bien l'accord majeur ou mineur, l'ex. 10 *e* prouve que souvent le signe ° devient inutile, puisque les III, V, I expriment suffisamment la nature de l'accord.

Mais il reste à examiner rapidement les accords mineurs à un autre point de vue. On peut dire : dans la tonalité majeure, les accords mineurs sont secondaires ; et il en est ainsi pour les majeurs dans la tonalité mineure. Cette catégorie d' « accords relatifs » ou « parallèles » sera indiquée par l'addition de *p* (initiale du mot parallèle) en minuscule à la lettre majuscule indiquant la fonction fondamentale. A ce sujet, les deux exemples 11 et 12 sont clairs au possible ; l'analyse des séries *a*) et *b*), ainsi que *a*) et *c*), éclaircira le moindre doute.

L'ex. 11 *a*) est donc l'indication générale, (« omnitonique », dirait Fétis) ; il représente sous *b*) les accords du ton d'*ut majeur*, sous *c*) les mêmes harmonies en *la majeur*. Il en est ainsi pour 12 *a*) *b*) (ton de *la mineur*) et 12 *a*) *c*) (ton d'*ut dièse mineur*) :

Ex. 11.

Ton d'UT MAJEUR.	b),	*ut* maj.	*la* min.	*fa* maj.	*ré* min.	*sol* maj.	*mi* min.	*ut* maj.
	a),	*T*	*Tp*	*S*	*Sp*	*D*	*Dp*	*T*
Ton de LA MAJEUR.	c),	*la* maj.	*fa dièse* min.	*ré* maj.	*si* min.	*mi* maj.	*ut dièse* min.	*la* maj.

Ex. 12.

Ton de LA MINEUR.	b),	*la* min.	*ut* maj.	*ré* min.	*fa* maj.	*mi* min.	*sol* maj.	*la* min.
	a),	°*T*	°*Tp*	°*S*	°*Sp*	°*D*	°*Dp*	°*T*
Ton d'UT DIÈSE MINEUR.	c),	*ut dièse* min.	*mi* maj.	*fa dièse* min.	*la* maj.	*sol dièse* min.	*si* maj.	*ut dièse* min.

L' « accord relatif (parallèle) », qui est majeur ou mineur selon que le ton régnant est lui-même majeur ou mineur, est invariablement indiqué par un *p* miniscule, ajouté aux *T, D, S.*

Cette indication des accords n'est pas limitée à une voix de basse ; quelle que soit la voix (du quatuor) donnée avec ce chiffrage, tout est également facile à réaliser. A preuve l'exemple suivant (13), où le ténor est donné (voir la réalisation à l'ex. 14) :

Ex. 13 (*Tenor* donné)

On a donc les moyens de rendre la tâche de l'élève aussi facile ou difficile qu'on le désire. Ainsi les exemples 10 *d* et 10 *e* sont des fragments de thèmes sans voix donnée et calculés spécialement pour être réalisés à 3 voix (l'accord complet). A mesure que l'élève est suffisamment avancé dans la matière, des thèmes analogues lui sont donnés sans chiffres ; soit l'exemple 10 *d* ainsi : *T D* | *T* .. | *S* .. | *T* ||. Sa fantaisie conserve plus de liberté alors. Si au début il est ou était nécessaire, on indique tout à l'instar du chiffrage de l'exemple 6.

La réalisation à 4 voix (1) du thème donné sous le n° 13 suit ici, avec une variante sous 14 B :

(1) On peut aussi le faire élaborer à 3 voix. Par exemple, la basse de l'ex. 14 une octave plus haut (et le ténor supprimé), on aura, pour les quatre premiers accords, textuellement un spécimen des exercices à 3 voix tels que je les

Ex. 14

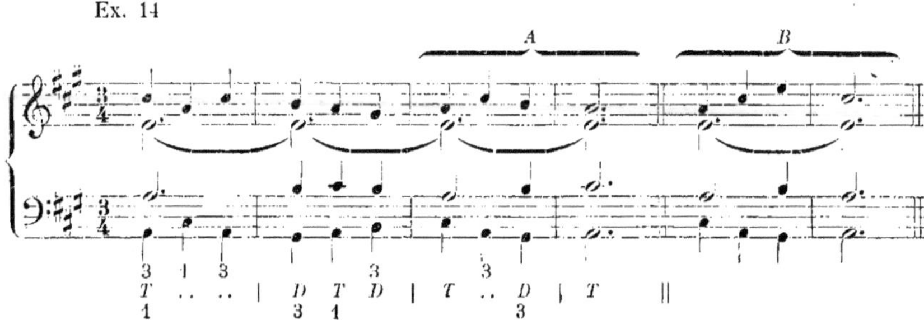

Voilà la réforme géniale de la science de l'harmonie exposée dans ses traits fondamentaux.

M. Émile Ergo a ensuite exposé brièvement (l'heure tardive obligeait l'orateur à condenser fortement) sa réforme personnelle de l'enseignement du **Contrepoint**, qu'il fait commencer quand l'élève connaît les deux accords de *T* et *D*, ainsi que leur enchaînement élémentaire. (Voir l'exemple *a*/ de la note précédente.)

L'élève ayant reçu le *c. f.* suivant :

Ex. 15 *a*.

il l'analyse à la lumière de ses connaissances harmoniques et constate qu'il est basé sur les harmonies de *T* et *D* (15 *b*) :

Ex. 15 *b*.	*ut*	*ré*	*mi*	*ut*	*si*	*ré*	*ut*
	T	*D*	*T*	. .	*D*	. .	*T*

entends. J'ai publié un opuscule de thèmes à réaliser à 3 voix et que la pratique m'a prouvé être la plus excellente préparation pour la phrase à 4 voix. Par exemple :

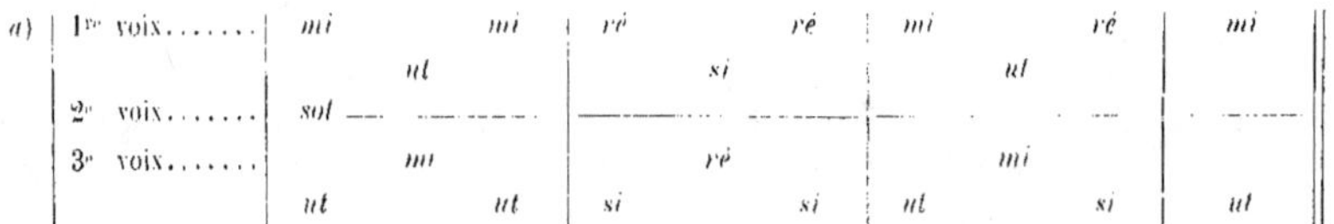

a)				
1re voix......	*mi* *mi*	*ré* *ré*	*mi* *ré*	*mi*
	ut	*si*	*ut*	
2e voix......	*sol* ————	————	————	————
3e voix......	*mi*	*ré*	*mi*	
	ut *ut*	*si* *si*	*ut* *si*	*ut*

Comme on le voit, le *sol* (note commune) reste le « trait d'union » dans ces enchaînements élémentaires, où les positions serrées et larges alternent. Dans les exercices de ce genre, la limite des rapports entre les 3 voix peut se voir à l'ex. 6 à la quatrième position de la *T*.

De suite le mécanisme du renversement peut y être appliqué ; par exemple la 3e voix monte et la 1re descend d'une octave :

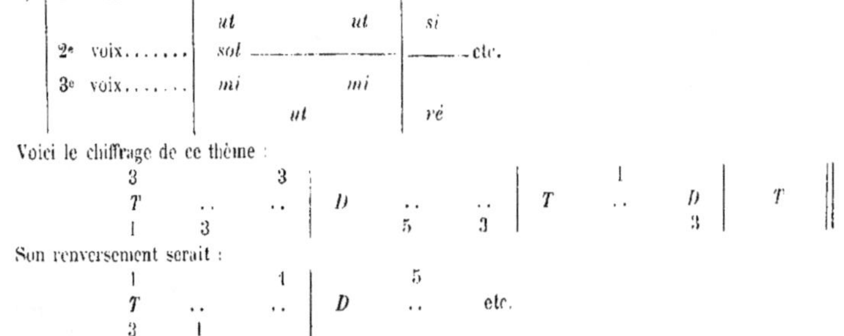

b)		
1re voix......	*mi*	
	ut *ut*	*si*
2e voix......	*sol* ————	———— etc.
3e voix......	*mi* *mi*	
	ut	*ré*

Voici le chiffrage de ce thème :

3 3 | | 1 | ||
T . . . . | *D* . . . . | *T* . . *D* | *T* ||
1 3 | 5 3 | 3 | ||

Son renversement serait :

1 1 | 5
T . . . . | *D* . . etc.
3 1 |

Suivant deux à trois règles aussi élémentaires que solides, il construit un bon, harmonieux contrepoint sur le *c. f.* donné (15 *a*). Voici deux réalisations :

(Deux notes contre une)

Ex. 16.

(Trois notes contre une)

Ex. 17.

L'exemple 16 ne contient que des éléments (notes) de l'accord, dit « figuration harmonique ». La réalisation de l'ex. 17 (trois notes contre une) contient aussi des notes de passage qui se glissent très naturellement entre les notes de l'accord.

Veut-on la première forme, dit note contre note (ou contrepoint de 1re espèce)? L'on n'a qu'à transformer à l'ex. 16 la première note (noire) de chaque temps de 2/2 en une blanche (ou à l'ex. 17 en noire pointée). L'on aura alors le « nota contra notam » ou « punctus contra punctum ». On sait que de ce dernier terme est né le nom de contrepoint.

Ajoutons ici que n'importe quel *c. f.* ou mélodie (fussent-ils des plus compliqués) ne contiennent en somme que des notes de l'accord, entremêlées plus ou moins de notes figuratives (c'est-à-dire notes étrangères à l'accord ou aux accords qui forment la base de la mélodie ou du *c. f.*).

Ces notes figuratives peuvent se présenter sous des aspects très divers, comme :

Notes de passage ;
— — fortes ;
— — chromatiques ;
— — cachées ;
— de rechange ;
— — fortes ;
— — alternatives ;
Appogiatures fortes ;
— légères ;
Etc., etc.

On comprend sans peine qu'ainsi un seul *c*(antus) *f*(irmus) devient à peu près une source inépuisable de mélodies.

A mesure que l'élève connaît plus d'accords (par exemple ceux de la *S*, *Sp*, *Tp*, etc., etc.), un *c. f.*, basé sur une combinaison d'éléments de ces divers accords, lui sera donné.

L'adaptation de tous ces artifices dans ses réalisations, secondée par l'analyse (sous l'œil vigilant du professeur) de fragments des maîtres, lui apprendra progressivement à discerner les notes figuratives des notes de l'accord, dans les *c*(antus) *f*(irmi) — parsemés de notes figuratives — qu'on lui donnera plus tard à réaliser.

Ainsi, il ne travaille jamais au hasard, ni à tâtons. Une route sûre et agréable lui est ouverte ici, qui a en outre l'avantage d'être solide et scientifique.

M. Émile Ergo termine par quelques mots sur la **Rythmique musicale** et l'importance de son étude approfondie.

« Tout en reconnaissant la part qui revient de droit à Lussy et à Westphal en ce qu'ils ont préparé — chacun à sa façon — le terrain », l'orateur d'Anvers estime que,

« seul, Hugo Riemann a mis en lumière la véritable base de la Métrique et de la Rythmique musicales. Celles-ci n'ont nullement besoin d'aller emprunter leurs principes à la poésie grecque antique — d'illustre mémoire, puisque le rythme est, d'essence, quelque chose de tout à fait foncièrement musical.

» De la façon dont H. Riemann a développé cette question dans son livre *Dynamik und Agogik*, il ressort l'importance à instituer un cours pour l'étude systématique et rationnelle de la Rythmique musicale. »

Le vœu suivant présenté par M. Émile Ergo est adopté :

Etant donné l'importance des problèmes que fournit la rythmique musicale, et vu l'influence considérable qu'exerce l'harmonie sur la formation des rythmes et conséquemment sur la phrase musicale, — le tout, tant au point de vue de la création *(compositeur) que de la* reproduction *(exécutant), — le Congrès international de musique, émet le vœu : « Que dans tous les conservatoires de musique et instituts similaires, il soit établi un cours spécial pour l'étude rationnelle et approfondie des rythmes ».*

M. Radiguer lit ensuite une proposition relative à la situation des **Chefs de musique militaires.**

D'après le décret rendu en 1899, les chefs de musique militaires sont répartis en quatre classes et le classement doit se faire :

1° A l'ancienneté ;

2° Au choix,

dans la proportion fixée par l'article 13.

« Art. 13. — Les chefs de musique de 3e classe sont choisis deux tiers à l'ancienneté et un tiers au choix parmi les chefs de musique de 4e classe ayant servi au moins deux ans dans cette classe.

» Les chefs de musique de 2e classe sont choisis moitié à l'ancienneté, moitié au choix parmi les chefs de musique de 3e classe ayant servi au moins quatre ans dans cette classe.

» Les chefs de musique de 1re classe sont choisis un tiers à l'ancienneté et deux tiers au choix parmi les chefs de musique de 2e classe ayant servi au moins trois ans dans cette classe.

» Nul ne peut obtenir de l'avancement au tour de choix s'il n'a été inscrit au tableau d'avancement. »

Il ressort de l'article 13 que la répartition en classes fait entrer en ligne de compte le talent, les services rendus, puisqu'à mesure qu'on s'élève dans l'échelle, qu'on s'avance de la 4e classe vers la 1re, la proportion des places données au choix augmente et celle des places données à l'ancienneté diminue. De plus, on ne peut pas soutenir que cette répartition en quatre classes ne concerne que les traitements, car il existe, en réalité, non pas quatre classes, mais sept catégories qui, d'après un tableau annexé au décret, rangent ainsi les chefs de musique :

1° Chefs de 4e classe	2.340	francs.
2° Chefs de 3e classe (1re moitié de la liste)	2.520	—
3° Chefs de 3e classe (2e moitié de la liste)	2.700	—
4° Chefs de 2e classe	3.060	—
5° Chefs de 1re classe (au moment de la promotion)	3.420	—
6° Après trois ans	3.780	—
7° Après sept ans	4.140	—

Or, dans le premier classement il n'a été tenu compte que de l'ancienneté, en vertu de l'article 14.

« Art. 14. — La première répartition des chefs de musique actuellement en fonction entre les quatre classes sera effectuée d'après l'ancienneté des services dans les fonctions de chef de musique. »

Dans la première répartition il n'a donc été tenu compte que des années écoulées et pas du tout des services passés.

Si ce fait d'avoir considéré la carrière des chefs actuels comme indigne d'examen ne cachait pas une grave lacune, il ne servirait à rien de s'y arrêter. Mais il s'agit de l'avenir. En 1899, le ministère n'a pu être renseigné sur la valeur artistique des chefs de musique, il ne le sera pas davantage en 1900 ; car, demain comme aujourd'hui, aucune personne compétente n'aura qualité pour le renseigner.

Comment, en effet, et par qui sera dressé le tableau d'avancement où, d'après le décret, il est obligatoire d'être inscrit pour obtenir l'avancement au tour de choix ? Il est évident qu'un classement fait par quelque officier du ministère à l'aide de notes communiquées par les colonels ne serait que bien imparfait au point de vue de l'équité ; un colonel n'est pas bon juge en matière musicale, et sa façon d'apprécier peut être tout à fait opposée à celle d'un autre colonel.

Il est donc de toute nécessité qu'on recherche un moyen de faire le classement dans des conditions régulières. La création d'un comité spécial s'impose, et le bon sens réclame qu'on en choisisse les membres parmi des musiciens... plutôt que parmi des artilleurs.

Puisque les chefs de musique, comme les sous-chefs, sont désignés par des civils faisant partie du Conservatoire ou ayant des attaches avec le Conservatoire, il n'est pas impossible d'admettre que des civils continuent à surveiller leur carrière. Nos inspecteurs de l'enseignement musical, qui vont en province visiter les écoles de musique, pourraient très bien être chargés, en même temps, de la mission d'inspecter les musiques de régiment et leurs chefs, puis de centraliser leurs notes ; le Ministère possèderait ainsi une base d'appréciation solide pour dresser le tableau d'avancement. Voilà une solution.

En voici une autre, pour le cas où l'introduction de l'élément civil serait jugé inadmissible : On pourrait faire inspecter les musiques et les chefs, puis faire dresser le tableau d'avancement par les doyens des chefs de 1re classe, sous la présidence du chef de musique de la Garde qui, ayant été reconnu, par voie de concours, le plus capable, devrait avoir le pas sur tous ses confrères.

En adoptant l'une ou l'autre de ces solutions, on donnerait aux chefs de musique des juges aptes à apprécier comme ils le méritent les services rendus et en situation de défendre avec autorité leurs intérêts personnels et artistiques.

Cette dernière considération a son importance, car si la régularisation de la position des chefs de musique, fonctionnaires-officiers jusqu'en 1898, a été si difficile à obtenir, c'est précisément parce qu'aucun musicien n'occupe au Ministère une place influente. Qu'on fasse occuper cette place influente par des civils, par des chefs de musique ou même par un seul, cela n'a aucune importance. Ce qu'il faut, c'est une tête, c'est une autorité. D'ailleurs, l'amélioration tant souhaitée de nos musiques militaires, qui actuellement se recrutent très difficilement et ne rendent pas à l'art musical les services immenses qu'on a le droit d'exiger d'elles, en dépend.

Cette raison-là s'ajoute à la nécessité de faire dresser le tableau d'avancement, pour les tours de choix, par des gens compétents.

L'article 14, en vertu duquel la première répartition dans les quatre classes a été faite d'après l'ancienneté seulement, prouve qu'il n'y en a pas actuellement au ministère.

Et il n'y en a pas davantage en 1900. Il appartient aux membres du Congrès de la Musique de hâter la solution de cette question par un vœu exprimé au Ministre de la Guerre, celui de voir créer pour le classement au choix des chefs de musique, une commission d'inspection formée, soit par les chefs de musique doyens, soit par les inspecteurs de l'enseignement musical, soit par toutes autres personnes compétentes.

M. Delattre lit une proposition relative à des récompenses spéciales pour les vieux musiciens.

M. Séguy demande que l'on fixe si, oui ou non, on doit mettre des accidents de précaution, ou simplement s'en tenir à la théorie qui dit que l'effet de l'accident ne dure que pendant la mesure.

M. Richard demande que les compositeurs français puissent envoyer librement leurs œuvres à l'estampille d'un Comité spécial à désigner dans le sein du Congrès.

M. Richard demande qu'une Commission du Congrès étudie, dans le but de mettre un terme aux différends qui surgissent fréquemment entre les Sociétés musicales et la Société des Auteurs, Compositeurs et Éditeurs, une base d'abonnement.

Ces propositions sont renvoyées à l'examen de la Commission, ainsi que les questions proposées et les ouvrages envoyés au Secrétaire général par les Membres du Congrès désignés ci-après :

M. Filoteo Greco, de New-York. I. *De la nécessité d'avoir de l'unité dans les méthodes de l'enseignement du chant.*

II. *Quels seraient les moyens d'obtenir cette unité ?*

M. Piazzano Geremia. *E egli giusto e conveniente il basso trattamento di serva imposto oggidi alla padrona assoluta della Musica la Melodia ?*

M. Ursini-Scuderi. *Sur une loi métrique et psychologique de la musique.*

M. E. Louis. *Sur l'écriture rationnelle de la musique.*

Mme Clara Brinkerhoff, de New-York. *Sur l'étude du chant.*

M. Gérardin. *Constitution des musiques d'harmonie sur une nouvelle base.*

M. Wilhelm Grimm. *Ein Vortrag für Redner, Saenger, Lehrer und Stimmleidende.* — *Die getroffenen Vereinbarungen, zur ausgleichenden Regelung der Deutschen Buhnen-Aussprache in Bezug auf die enforderliche Stimmbildung in Wort und Ton, in Sprach und Gesang.*

M. Schvartz. *Exercices de lecture musicale.* — *Traité de lecture musicale.*

M. Peyre. *Petite méthode pour le violon.* — *Études d'assouplissement pour le violon.*

M. Frémond. *Réforme de la notation musicale* (avec deux suppléments).

M. Ursini-Scuderi. *Diagrammi musicometrici.* — *Musicometro* (1).

M. Elias Alvares Lobo, de Sao Paulo. *Arte de Musica. Em Dialogo para uso das Escolas do Estado.*

Le Congrès adresse ensuite des remerciements aux personnes qui lui ont envoyé des communications, à la Presse, et à M. Vincent d'Indy.

Les procès-verbaux des différentes séances du Congrès sont lus et adoptés.

Le Congrès décide qu'un exemplaire des Rapports et des Communications sera déposé à la bibliothèque du Conservatoire national de musique.

La 1re session du Congrès international de Musique est close à 5 heures.

(1) Le Congrès s'est montré très reconnaissant au professeur Ursini-Scuderi de l'envoi qu'il a bien voulu lui faire d'un grand nombre d'exemplaires de ses importants et curieux ouvrages.

BOURGES. — IMPRIMERIE M. H. SIRE.

www.ingramcontent.com/pod-product-compliance
Lightning Source LLC
LaVergne TN
LVHW020048170826
845678LV00001B/478

* 9 7 8 2 3 2 9 6 9 1 7 2 5 *